中国哲学论文集

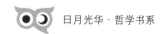

日月光华·哲学书系

李定生　著

中国哲学论文集

上海三联书店

本书由复旦大学哲学学院、上海易顺公益基金会资助出版

总　序

　　"日月光华，旦复旦兮"，思想之光，代代相传。在复旦哲学走过一个甲子之际，"日月光华·哲学书系"、"日月光华·哲学讲堂"应运而生。这既是过往思想探索道路上的熊熊火炬、坚实基石，以砥砺后学继续前行，亦是期许未来学术反思的灿然星陈，以哲学之力去勘探人类精神应有之高度与广度。为此我们当勤力不殆。

　　"兼容并蓄"是哲学成长的传统。复旦哲学建系伊始，胡曲园、全增嘏、严北溟、陈珪如、王遽常等诸位先生学识渊博，其来有自，奠定了复旦哲学的根基。他们不独立门户，不自我设限；不囿于教条，不作茧自缚；而是以思想和问题为导向，兼容并蓄，博采众长，由此造就了六十年来复旦哲学的特色。诸位奠基先贤始终秉持开放而专业的态度，强调严肃的学术训练，打破学科壁垒，追寻思想脉络，力图以真切而深邃的思考达致生活之本真，捕获时代之真精神。

　　"时代担当"是哲学不变的使命。自改革开放以来，以思想深入时代，对时代的根本问题做出积极的求索，是复旦哲学另一鲜明特色。真正的思想探索和学术研究理应紧紧抓住与时代血脉相连的命题，提炼精华，不断对人类生存的基本问题做出回应。优秀的学者须有冷静的观察和深刻的反思，但这并不等于将自己封闭在无根的象牙塔中，而是真实切入时代命题的必备前提。切问而近思，人类的根本命题始终激荡于胸！

我们将以开放和虚心的态度来传承这些特色。"日月光华·哲学书系"不但收录了复旦哲院教师以往的代表作，也以面向未来的姿态吸纳复旦哲学人的最新力作。我们希望这一书系成为一个开放式的平台，容括从复旦求学毕业、在复旦从事教学和研究，以及到复旦访问讲学的学界同仁的优秀著作，成为推动汉语哲学界不断发展前行的引擎。"日月光华·哲学讲堂"，则希望将国内外学者在复旦所做的系列讲座整理成文，编撰成册，努力展现他们思想的源初轨迹，推进其理论贡献。以"日月光华"为平台，以学术为标尺，使国内外学者的优秀成果在共同的学术园地上得以生动呈现。这必将是一个漫长而艰难的过程，需要敞开的思想姿态、精准的学术眼光以及异乎寻常的努力与坚持。我们希望把复旦哲学"扎根学术、守护思想、引领时代"的精神风格融入这两套丛书；我们期许它们不但能透彻地刻画出思想本身的发展历程，还将在更为丰满的历史背景中探索思想的作用。唯有如此，我们的"书系"与"讲堂"才能超出一般丛书的范畴，真正成为时代精神的捕获者、诠释者、推动者和反思者。

思想薪传在任何时代都是无声、艰辛和困苦的事业，隐于"日月光华"这一个美好愿景背后的深意尤为紧要：思想的守护与传承是"旦复旦兮"的意涵所在，精神的催生与创新是生生不息的事业。"书系"与"讲堂"的出版并不是书目的简单累积，也不是论题的无序叠加，而是思想的流动和生长，是已有思想激发新思想的创造过程，是不断厘清思想限度、拓展思想疆域的漫漫求索，是幽微星火燃成日月光华的坦荡大道。在几辈学人的共同理想和不懈坚持下，既往的成果已然成为了沉甸甸的责任。由此，在决定"书系"与"讲堂"的名称时，我们选择将我们的理想标示出来，以此自勉，并期望人类趋向光明的理想，终将启迪人类的智慧，并照亮那条崎岖不平却让人甘之如饴的精神道路。

是为序。

孙向晨

二〇一六年九月于复旦

前言

　　《中国哲学论文集》，是选了一些发表过的文章，按时间先后次序成集。文章是我从事中国哲学史教学和研究过程中的一些心得，记录了我一些历史的印迹和认知过程，冀对年轻学者能有所启示。中国哲学是中华文化的精粹，认真学习，踏实研究，有助我们理解和践行新时代中国特色社会主义思想，为实现中华民族伟大复兴而努力。文集编辑过程中，由于我眼疾，视力差，又不善电脑，因此，书稿错误之处甚多，给编审增加了困难，很抱歉！感谢哲学学院领导，安排中国哲学博士生助我阅读校对书稿。博士生涂文清同学，花了大量的精力，校改了书稿，方能付梓，特致谢忱。

李定生

2023.6.17

目　录

老子思想三论

老子的哲学思想，是唯物主义的，还是唯心主义的，争论很多，分歧也大。从五千言中，争论的任何一方确实都能选择到一些有关章句来证明自己的论点。然而，说他唯物主义或唯心主义，这是研究终了的结果，不能作为研究的出发点。古代哲学家，尤其是不自觉的哲学家，在其思想中，或多或少地都有其自相矛盾之处。研究老子哲学思想，还应该就其思想的基本方面，加以讨论，不要为了立论，创造一套古人所没有的体系。本文三论，就老子的"道"、辩证法思想及认识论，发表点意见，请教大家。

一、老子的"道"

"道"是老子哲学的最高范畴，也是老子思想的核心。"道"的实质是什么？五千言中，提法不同，这给后人研究老子思想，增加了不少困难，但考察五千言总的思想，再证之以时间比较接近、学派相同的著作，对"道"的实质，还是可得而知的。老子的"道"，不是具体的"道"，是比较抽象的、难于用语言表达的"常道"，所谓"道可道，非常道"。它是视之不见、听之不闻、搏之不得、混而"一"的东西。这东西"无形""无状"也"无名"，然而是"有物混成，先天地生，寂兮寥兮，独立不改，周行而不殆，可以为天下母，吾不知其名，字之曰'道'，强为之名曰'大'"(《二十五章》)的东西。老子的"道"，是浑沌一体的东西，它是恍惚无形、运动不息、能产生天下万物、可以为天下"母"、"万物得一以生"的自然作用。老子认为这种自然作用是"无为"的，但无所不为，故"道常无为而无不为"。老子从自然来解释自然，这本身是唯物主义的出发点，也是道家学派所承。宋、尹说"虚而无形谓之道"，"无为之谓道"，渊于老子。庄子也是，"天无为以之清，地无为以之宁，故两无为相合，万物皆化，……故曰，天地无为也，而无不为也"。①和老子"天得一以清，地得一以宁……"一样，庄子稍改"一"为"无为"。可见老子的"道"，就是有物混成的"一"，它的作用是"无为"。和道家学派有很大关系，又是第一个解释老子的韩非说："道者，万物之所然也，万理之所稽也，理者，成物之文也，道者，万物之所以成也。"②韩非从唯物主义来解释老子的"道"，把"道"当作事物总的规律，这就比老子明确得多，是老子不如韩非的，又是合乎人们认识发展的道理的。老子还只知道"道"是恍惚无形、混为一体的东西，它又是天地之"始"、万物之"母"，"道"是"始"和"母"的统一体，"故此两者同出而异名，同谓之玄，玄之又玄，众妙之门"(《一章》)。只知道"道者，万物之奥"，不知道万物之奥的规律。

从"万物之奥"，可能是唯物主义的回答，也有可能是"上帝"。老子可贵的地方是，虽然素朴，但他是唯物主义地在解决这个问题。他说"天下有始，以为天下母"(《五十二章》)，天下万物之"始"，正是有这个东西，才能成为天下之"母"，"从无开始的运动是没有的，运动总得是从某个东西开始的"。③老子自发意识到这个问题，"能知古始，是谓道纪"(《十四章》)。他在第一章中概括地提出了这个问题，"无名天地之始，有名万物之母"，在其他地方说明了这个问题。从"无名"到"有名"是"始制有名"(《三十二章》)。有名的具体的东西，是无名的原始的东西制约而成的，不是什么神秘的外在

① 《庄子·至乐》。
② 《韩非子·解老》。
③ 列宁：《哲学笔记》。

力量，或上帝所成的，而是"朴散则为器"（《二十八章》），"朴"是一种微小的东西，是原始的物质，具体的东西"器"，是这种微小的物质"朴"，分散而构成，具体的东西衰亡了，"复归于朴"。如果不是物质的东西，自然也谈不上所谓"散"。"朴"散成为具体的东西，这就有了"名"。由此可知，老子所说的"无名天地之始"，"始"就是"朴"，它是"道"的物质承担者。因为它是微小的，浑沌一体的东西，肉眼不能看到，是"无形""无名"的，"迎之不见其首，随之不见其后"（《十四章》）。但却是真实存在着的，具体东西都是从它而有，它存在于具体东西之中，和具体东西分不开。"孔德之容，惟道是从，道之为物，惟恍惟惚，忽兮恍兮，其中有象；恍兮忽兮，其中有物；窈兮冥兮，其中有精，其精甚真，其中有信。"（《二十一章》）老子的"道"是自然作用，是有"朴"作为基础的，它化为万物。如果"化而欲作，吾将镇之以无名之朴"（《三十七章》），因为"道常无名，朴虽小，天下莫能臣也"（《三十二章》）。老子也是从这样唯物主义的自然观，要求和警告当时统治阶级的。

总之，老子的"道"是事物的自然作用，这种自然作用，有它的物质承担者，这就是"朴"，老子把"朴"看为天地万物的根源，这正是古代朴素唯物主义者的共同特点，寻求物质世界的统一性，寻求产生万物的某个原始的东西，抵制"上帝"或"神"。老子的"道"，起了这个作用，对一切受命于"天"的唯心主义观点，是一个有力的打击，这是老子所走对了的，而且为唯物主义的发展开辟了道路，这正是老子思想的伟大所在。但是我认为老子的"道"，还不能称之为自然的物质规律性，否则，是不完全符合老子思想的。"道"虽抽象，老子还没有抽象到这样高的水平，老子还是在寻求一个原始的微小的东西。后来的道家，仍然局限在这一点上，以致发展到想找出一个东西，能使人长生不老，而不是从具体事物中，掌握一般的规律，道家的悲剧也在于此。但这是后来的事，先秦的老子，其唯物主义的思想，却是古代哲学中的光辉。

有人说，老子的"道"是"虚无"，并且给了他一个"无—有—无"的式子。但从五千言中，找不出"道"是"虚无"的证据。两千多年前的一位自发的唯物主义哲学家老子，也根本不可能有这样的体系，这是现代人的思想，或至少是中世纪后的思想。持这样主张的人，其立论根据大致有两点，即四章"道冲而用之或不盈，渊兮似万物之宗，……"和四十章"……天下万物生于有，有生于无"。其论证方法是，"道冲"，冲者即盅，说文皿部，"盅，器虚也"。可见"道"即"虚"，道既然是万物之宗，而"无"也是天地之始，"有"是万物之母，而"有生于无"，可见"道"即"虚无"，简言之，"道"即"无"。

暂且不谈这种论证法的逻辑毛病，这样确实太"简言"了，如此，任何一个哲学家都能被说成是唯心主义，或是唯物主义，尤其是古代不自觉的唯物主义或唯心主义者。老子说："道冲而用之或不盈……"很清楚的是说，道"虚"，而它的作用是不能穷尽的，这是有所指的，不是说"道"就是"虚"。即使"盅，器虚也"也是指器的空虚之处而言，茶杯空虚的地方能装茶，怎能说茶杯是虚无，既是"器"，又是"虚无"，如何说得通呢？无论怎样都论证不出"器"是"虚无"来。还是老子自己说的好，"……埏埴以为器，当其无，有器之用，……故有之以为利，无之以为用。"(《十一章》) 天下万物之所以成为有利于存在的东西，正是因为它具有与自身相反的作用，茶杯之为茶杯，正是因为它本身有空虚的地方，也能够装茶。"有生于无"就是这个道理，"道冲而用之或不盈，渊兮似万物之宗"也是这个意思。老子正是看到事物的正反两面，具有丰富的辩证法思想。这是下面所要讨论的。

二、老子的辩证法思想

老子处在时局动荡的春秋战国，阶级斗争十分剧烈，社会变动和阶级对立，反映在老子思想上，形成矛盾的思想特点，老子看到和揭露了这种矛盾。人民的贫困饥寒，是由于统治者"食税之多"，人民之所以"难治"，反对统治者，是因为统治者"有为"，人民反对剥削和压迫，争取最起码的自然要求"实其腹"，只得铤而走险"轻死"，是因为统治者的享乐腐化，"求生之厚"，老子看到这些矛盾都是在上者所造成。也看到统治者为了维护这种地位，以图苟延残喘，使用"权威"，但是"民不畏威"，"民不畏死，奈何以死惧之"（《七十四章》）。他看到了这种社会制度的不合理，猜测到这种社会制度的必变。他说："天之道损有余而补不足，人之道则不然，损不足以奉有余，孰能有余以奉天下，唯有道者。"（《七十七章》）要使社会合理，只有符合"道"才行。怎样才能符合道呢？老子看到了现实矛盾的存在，但他对待矛盾的态度，不是积极的，而是消极的。他并没有站在人民一边，促使矛盾的转化，不是面对矛盾，通过斗争解决矛盾，而是有点害怕矛盾，避免矛盾，想缓和斗争。他企图唤醒和警告统治者，他认为要做人民的统治者的"上民"，就一定要"以言下之"，要"先民"，就要自己"后之"，"是以圣人后其身而身先"（《七章》）；只有少私寡欲，不过于争，那么天下就不能和你争，"以其不争，故天下莫能与之争"（《六十六章》）。人的欲望要"知足"，"祸莫大于不知足"（《四十六章》），故"知足之足，常足矣"（《四十六章》）。老子为统治者出了不少点子，但也不可否认，老子思想有丰富的辩证法，而且客观上揭露了统治者的罪恶，同情和有利于劳动人民。从消极出发，就构成了老子辩证法思想，以"柔弱胜刚强"的特点。

老子辩证法思想最大的特点，就是看到事物矛盾的对立方面和对立方面的转化。老子说："天下皆知美之为美，斯恶已，皆知善之为善，斯不善已，故有无相生，难易相成，长短相较，高下相倾，音声相和，前后相随。"（《二章》）天下都知道美的事物之成为美的，丑恶已经有了，好的东西之成为好的，不好也就存在了。美和恶，善和不善，有和无，难和易……这是正反两个方面。正反两个方面是互相依存的，是"相生""相成"的，即"相反相成"的。任何事物，有它的这一面，必也有和它自身相反的一面。老子"相反相成"的思想，正是客观事物矛盾的反映。老子也正是用这样的思想论证他的"道"。"道"的运动变化，是由于它相反的方面的作用，天下万物能成为有，也是因为事物本身对立方面的作用，老子很重视"有无相生"的相反相成的思想，所以老子说："反者道之动，弱者道之用，天下万物生于有，有生于无。"（《四十章》）没有"无"，也不成其"有"。故"三十辐共一毂，当其无，有车之用。……故有之以为利，无之以为用。"（《十一章》）"有""无"是正反两个方面，是"相反相成"构成矛盾的统一。矛盾的统一不是一成不变的，在老子看来，这不是变动不滞的，对立方面是转化的，他说："祸兮福之所倚，福兮祸之所伏，孰知其极，其无正，正复为奇，善复为妖。"（《五十八章》）又说："物或损之而益，或益之而损。"（《四十二章》）所谓祸福、正奇、善妖、损益，不是绝对的，而是互相转化的。老子由"贵"的地位，转变为"贱"的地位，从自己的经历中，也深感事物之变。老子"变"的思想，反映了当时动荡不定变化剧烈的现实，他看到了对立的矛盾和矛盾的转化，把一切事物看为变化不定，这是老子辩证法思想的可贵之点。

上面已谈，老子辩证法思想的特点，是从消极出发，他的所谓运动变化构成其辩证法矛盾。他把对立面的转化错误地理解为循环的变化，"万物并作，吾以观复，夫物芸芸，各复归其根。"（《十六章》）这种运动变化，不是发展的变化，他轻视"万物并作"的发展变化，"物壮则老，是为不道"（《三十章》），重视"复归其根"的运动变化。这样从天下有始，以为天下母的"道"，产生天下万物，而天下万物又各返归其始。老子还没有了解自然运动变化的一般规律，只是知道天下万物产生有它的"始"——"朴"，以及它的自然作用，他重视事物发展的初级阶段——"婴儿"，形而上学地把发展过程割裂开来，连新的事物也一并反对，甚至主张一切事物运动变化复归原始，停留在初级阶段，"如婴儿之未孩"，导致他在政治观上向往着"小国寡民"的氏族社会，从而陷入唯心主义。老子从唯物主义出发，在辩证法的关口上却失了足。

三、老子的认识论

老子从崇尚自然"无为"，主张"少私寡欲"出发，在认识论上，反对"智"，主张"明"，要求人们去认识和守住天下万物之"始"。在老子看来，社会之乱，是非之起，都是由"智"所生，"民之难治，以其智多，故以智治国，国之贼，不以智治国，国之福。"(《六十五章》) 老子反对的"智"是仁义礼智的东西，是封建伦理道德，儒家所要"正名"的那一套。老子认为这些东西是不符合自然的，"失道而后德，失德而后仁，失仁而后义，失义而后礼，夫礼者，忠信之薄，而乱之首。"(《三十八章》) 故提出"绝仁弃智，民利百倍，绝仁弃义，民复孝慈，……见素抱朴，少私寡欲。"(《十九章》) 有人以为老子"绝学""弃智"是排除认识，是"无知"主义，其实不然。老子反对"智"，是"夫使智者不敢为也"，不是反对认识，相反，他唯恐人家"常有欲"，不能认识"道"，只看到有限的具体的东西，不能看到产生天下万物的根本，他要人们"常无欲"去观"妙"，"知古始""明"道。只有明了"道"，才能不妄作"有为"，才能"以辅万物之自然"。他何尝不晓得认识呢？他告诉我们说："以身观身，以家观家，以乡观乡，以国观国，以天下观天下，吾何以知天下然哉？以此。"(《五十四章》) 这倒有些经验主义的倾向。他对社会矛盾的揭露，无不是对社会现实的反映，如果排除认识，"人道"不如"天道"的判断，就不能做出。

老子重视对"道"的认识，主张"明"，这是他认识论的特点。五千言中谈论"明"的道理不少，"复命曰常，知常曰明，不知常妄作，凶"(《十六章》)。"明"就是"知常""复命"，明了自然的运动变化，要人去明"道"，这样才能"守"道，不明了"道"，就会妄作"有为"，这是没有好处的。"智"者自矜，自矜多是非，这是不"明"，民之所以难治，是因为"智"多。怎样能"明"呢？只有

"抱一为天下式，不自见，故明"（《二十二章》）。只要"抱一"，守住原始之"朴"，就能因其自然。所谓"圣人常善救人，故无弃人，常善救物，故无弃物，是为袭明"（《二十七章》），就是这个意思。这里的"袭明"，和庄子的"因明"是一回事。老子主张"明"，庄子说"莫若以明"，就是因其自然，以辅万物之自然。老子又说："见小曰明，守柔曰强，用其光，复归其明，无遗身殃，是为习（袭）常。"（《五十二章》）高亨《老子正诂》曰："习读为袭，《小尔雅广诂》：'袭，因也。'袭常，谓因其自然也。"韩非子《喻老》篇，"箕子见象箸以知天下之祸"，就是"见小曰明"的意思。能见不可见者曰"明"，合抱之木，生于秋毫，千里之行，始于足下，能见小识大。所以老子极力叫人去"执道"、"为道"、"从事于道"，去认识天地之"始"，万物之根本。而这种认识，老子认为只有理性的直觉才能达到，故"不出户，知天下，不窥牖，见天道，其出弥远，其知弥少"（《四十七章》）。

老子的认识论，主张对外界客观事物的认识，更重视对"道"的认识，而且它是可以认识的。因此，老子认识论的出发点是唯物主义的。由于他强调了直觉的理性认识，却不知道对规律的寻求，强调了对"道"认识的作用，而又漠视感性的知识，不知道感性认识和理性认识的关系，老子把两者对立了起来，这就为唯心主义留了后路，这是老子认识论的缺点。

说明：本文原载于 1962 年第 6 期《文史哲》。

孔子哲学思想批判

近年来学术界对孔子思想，开展了广泛的讨论，个人从中得到了不少启发，但也感到讨论中有一些问题，尤其是如何运用马克思主义阶级分析方法，恰如其分地评价孔子，问题还不小。现在本着学习马列主义和毛泽东思想的精神，试对"孔家店"的始祖——孔子的哲学思想做批判，向大家请教。

一、孔子的时代及其政治倾向

社会存在决定社会意识。孔子的哲学思想当有它的社会基础。在研究孔子哲学思想前，先了解一下他所在时代的特点和社会性质及其政治态度，是必要的。

孔子生于鲁襄公二十二年（公元前 551 年），死于鲁哀公十六年（公元前 479 年）。这七十三年正当东周后半期，即春秋末期。这是以封建剥削为内容、以氏族组织为形式的领主经济向土地私有的地主经济转化的时期，是领主统治向地主统治交替的时期，也是宗法制度动摇、西周社会的旧制度逐渐崩溃的时期。孔子的哲学思想当然不能不与这时代的社会情况有关。孔子是顺乎时代的潮流呢？或是逆乎时代的潮流呢？这首先要从他的政治态度来考察。

春秋末期，拥有土地的新兴地主和农民出现了，他们由"爱土易居"到"自在其田，不变易居"。井田制随之瓦解，"藉田以力"变为"履亩而税"，由劳役地租进为实物地租。鲁国在宣公十五年（公元前

594年）"初税亩"。在"初税亩"后四年，鲁成公元年，"作丘甲"。鲁哀公十二年（公元前483年）"用田赋"。这种土地所有制的变化，已成为一种必然的趋势。孔子对这一历史进步的态度，是保守的。这从他对季康子欲以田赋事可以看出。"季康子欲以田赋，使冉有访诸仲尼，仲尼不对，私于冉有曰：求，来，汝不闻乎？先王制土，藉田以力，而砥其远迩，赋里以入，而量其有无。任力以夫，而议其老幼。于是乎有鳏寡孤疾，有军旅之出则征之，无则已。其岁，收田一井，出稷禾、秉刍、缶米，不是过也，先王以为足。若子季孙欲其法也，则有周公之籍矣；若欲犯法，则苟而斌，又何访焉。"（《国语·鲁语》）与此类似的话，在《左传》中也有记载。

与地主经济发展相联系的商业也在发展，工商的地位有了提高。有些国家的富强称霸，和商业发展有直接的关系。卫文公复兴卫国，齐国（桓公）任用商人出身的管仲为相使齐国成为富强的国家，郑国的国君和商人甚至订立盟约，都说明国家的命运和"富"及商业相连着。后来商人的地位更加上升，越国的范蠡弃官就商，发了大财。孔子的学生子贡就是一位买贱卖贵的投机商人。可是孔子对"富"的态度是保守的，他所注重的是维护"礼"。他并非不知"富"的作用，只因"富"和"礼"矛盾，最后还是反对"富"，维护"礼"。

随着社会经济的发展变化，反映在上层建筑的意识形态、法制等也起了变化。封建领主按尊卑、贵贱、亲疏、男女、长幼等制定的宗法制度"礼"动摇了，所谓"僭越"的事，已屡见不鲜，"礼"已不能起绝对的约束作用了。鲁昭公六年（公元前535年）"铸邢书"，此后二十多年，昭公二十九年，晋国"铸刑鼎"。这都是当时社会经济基础新变革的反映。新兴地主和商人要求保障自己的私有权利，制成了一种成文法，这就破坏了"贵贱不愆"的宗法制度。孔子认为这是弃旧度，是"乱制"。总之，从孔子对待当时社会变革的政治态度来看，他是倾向于没落的封建领主阶级的，他反对进步，主张巩固宗法制度。

弄清孔子的政治倾向和他所代表的阶级，对研究他的哲学思想是有好处的。有这样一种人，他们根本不做阶级分析，而从对孔子的感情出发，说孔子"不但说不上贵族，连个没落的贵族也还远远不像"，"既不是世禄之家的子弟，孔子又何从会有土地而成封建主？又何从会有奴隶而成奴隶主？""倘春秋时代如果为奴隶占有制社会，那么孔子的阶级成分还很可能是个奴隶。再看孔子此后的生涯，除了一年的中都宰，短时期的司空，三年的大司寇外，一生栖栖惶惶就只是率领一群弟子漂流各国，以讲习诗书礼乐传授生徒为业。像这样的职业，在奴隶制占有制社会中也往往由老年奴隶担任。"① 这种说法并不合事实。

孔子基于没落的领主阶级立场，就决定了他哲学思想的保守性和逆乎时代潮流。

二、孔子哲学思想的实质

1. 统一在宗法制中的"天命"思想

"天命"思想，是反映了生产力低下，人对自然不能有所作为的原始宗教思想，后来被剥削阶级利用为麻痹劳动人民的工具。在商殷奴隶社会，"天命"思想占着统治地位。周人代替殷人而有天下，以小邦而克大殷的事实启发了周人对"天"的存疑和对"人"的发现，认识到要以德配天来维持自己的统治。"敬德的思想……确是周人所独有的思想。"② "德"是一种新的思想意识，反映由服从"天"的意志，转变到重视人事。他们把"天命"统一在宗法制度中，强调统治者的统治要"仁"，所谓"仁"就是以德治民，这为孔子所继承。"道之以德，齐之以礼，有耻且格。"(《论语·为政》) 实际上就是"道之以仁，齐之以礼"，这样就能"有耻且格"。

---

① 金兆梓：《孔夫子平议》，见《文汇报》1962 年 5 月 25 日 2 版。
② 郭沫若：《先秦天道观之进展》，《青铜时代》1954 年版，第 20—21 页。

封建领主统治是以宗法制度来巩固的。从宗法制看，一个国君是天的儿子，是天下之大宗，是地上的最高统治者，代表天对地上的人民实行统治。他们知道不宜过分强调"天"的作用，否则会削弱宗法制度的作用。因此他们不多讲"天命"，而是严格要求遵守宗法等级制。这个特点也反映在孔子思想中。他说："君子有三畏：畏天命，畏大人，畏圣人之言。小人不知天命而不畏也，狎大人，侮圣人之言。"（《论语·季氏》）这里的"天命"、"大人"和"圣人"是有联系的。"大人"就是统治者，"圣人"就是礼乐制度的制定者，而"大人"和"圣人"都是受命于"天"的。如朱熹所说："大人圣言，皆天命所当畏，知畏天命，则不得不畏之矣！"[1]孔子把这种唯心主义的"天命"统一到宗法制度中去，他不多谈"天命"也是很自然的。在春秋末期，宗法制发生动摇，孔子却要巩固它。明白了这个特点，就会知道他虽不多谈"天命"，但"天命"在他的哲学思想中却占有重要的地位。他说："不知命，无以为君子也；不知礼，无以立也。"（《论语·尧曰》）"天命"和"礼"是相提并论的。在《论语》中，提到"天命"的地方，都反映了孔子心目中是把"天命"当作有意志的主宰的：

"子曰：天生德于予，桓魋其如予何？"（《论语·述而》）

"子畏于匡。曰：文王既没，文不在兹乎？天之将丧斯文也，后死者不得与斯文也；天之未丧斯文也，匡人其如予何！"（《论语·子罕》）

"子曰，不然；获罪于天，无所祷也。"（《论语·八佾》）

……

有人认为："'天'在《论语》中也大半是指自然"，"孔子对殷周

---

① 朱熹：《四书章句集注》，北京：中华书局，第172页。

以来传统的宗教天命观是采取否定的态度的，虽然形式上还保留这个名词"。① 这种说法是与事实不符合的。除上述外，子夏就听过他老师——孔子说："商闻之矣，死生有命，富贵在天。"②（《论语·颜渊》）如果论定孔子的"天"是指"自然"，那不是等于说：富贵是自然的，故封建的阶级剥削、阶级压迫是天经地义的，被剥削被压迫者是不应该反抗的。孔子正是通过"天命"思想来麻痹人民的。稍晚于孔子的墨子，对这种思想就进行了反对，说他是"立命缓贫"，是"暴人之道"，是"暴王所作，穷人所术，非仁者之言也"。（见《墨子·非命下》）

与"天命"思想有关的，孔子也肯定了鬼神的存在。虽然"敬鬼神而远之"（《论语·雍也》），表现了孔子对鬼神问题也不大多谈，但不多谈而非不谈，更非否定，何况他还是谈的，而且是作为有意志的主宰看待的呢。孔子认为祭神祭鬼，都有一定的"礼"，而且要诚心诚意，"祭如在，祭神如神在"（《论语·八佾》）。如果只有祭的仪式，而心不在祭，等于不祭，"吾不与祭，如不祭"。（《论语·八佾》）不是应该祭的"祭之"，也是不对的。因为禹能"致孝乎鬼神"，孔子对他很赞赏，说："禹，吾无间然矣。"（《论语·泰伯》）孔子对鬼神的态度也影响到后世，后来的无神论者，其不彻底性，除与其社会历史有关外，大都可追溯到孔子的鬼神思想。

孔子把"天命"、"鬼神"与"仁"、"礼"统一了起来，融合在宗法制度中，因此更多的是谈"仁"和"礼"。但当他遇到难于解决和解释的问题时，就归之于"天命"。他强调统治者的权威，实际上也是强调了"天命"。在他的心目中，"天"和"君"（天子）是统一的，

---

① 严北溟：《论"仁"——孔子哲学的核心及其辐射线》，《江海学刊》1963年第3期。下引此文，不再加注。

② 原文为："子夏曰：商闻之矣，死生有命，富贵在天。"没有确定是孔子说的，但《论语》是孔子的学生所记载孔子的言行，我认为"商闻之矣"，是子夏听孔子说的。朱熹亦说："盖闻之夫子。"

是个主宰，这就是孔子"天命"思想的唯心主义实质。我们不能因为孔子少谈"天命"、"鬼神"，就说他采取否定的态度，只是保留了形式的名词。以"天何言哉，四时行焉……"（《论语·阳货》）论证"天命"是唯物主义是不充分的。究竟是"天何言哉"还是"夫何言哉"，还有待考证。即使是"天何言哉"，从孔子思想实质来看，也不足以说明是唯物主义。

2. 孔子哲学思想的外衣——"仁"

"孔子贵仁"，但"仁"非孔子的创见。春秋中期以来，人们用"仁"来评是非，在古籍中有着记载。然而给予"仁"以很高地位的是孔子。他认为一个人不可以没有"仁"。"君子无终食之间违仁，造次必于是，颠沛必于是。""志士仁人，无求生以害仁。"（《论语·里仁》）他把"仁"作为统治者的一种道德修养标准，因此，他是不轻易许人以"仁"的。他对自己也说："若圣与仁，则吾岂敢！"（《论语·述而》）在《论语》中，孔子谈"仁"的地方很多，而且是有问必答的。据阮元统计，《论语》中讲"仁"的有五十八章，"仁"字凡百有五见。《吕氏春秋·不二篇》说"孔子贵仁"，这是有道理的。近来的讨论中，对这一点是一致的。可是对孔子"仁"的实质，却有进一步讨论的必要。

既然"孔子贵仁"，而当时各个阶级都有自己的"仁"，那么，他所贵的是什么阶级的"仁"？现在略列几条和《论语》对照：

①"阳虎曰：为富不仁矣，为仁不富矣。"（《孟子·滕文公》）

"子曰：君子而不仁者有矣夫！未有小人而仁者也。"（《论语·宪问》）

②"度功而行，仁也。"（《左传·昭公二十年》）

"子曰：君子喻于义，小人喻于利。"（《论语·里仁》）

"子曰：放于利而行，多怨。"（同上）

③"杀无道而立有道,仁也。"(《国语·晋语》)

"季康子问政于孔子曰:如杀无道,以就有道,何如?孔子对曰:子为政,焉用杀!子欲善,而民善矣!君子之德风,小人之德草,草上之风必偃。"(《论语·颜渊》)

④"为仁与为国不同,为仁者,爱亲之谓仁;为国者,利国之谓仁。"(《国语·晋语》)

"宰我问,三年之丧,期已久矣……子曰:予之不仁也。子生三年,然后免于父母之怀;夫三年之丧,天下之通丧也。予也有三年之爱于其父母乎!"(《论语·阳货》)

"子曰:桓公九合诸侯,不以兵车,管仲之力也。如其仁,如其仁。"(《论语·宪问》)

⑤"敬,德之聚也,能敬必有德,德以治民,君请用之;臣闻之,出门如宾,承事如祭,仁之则也。"(《左传·僖公三十三年》)

"仲弓问仁。子曰:出门如见大宾,使民如承大祭。"(《论语·颜渊》)

⑥"宋公疾,大公兹父固请曰:目夷长且仁。君其立之。公命子鱼,子鱼辞曰:能以国让,仁孰大焉,臣不及也。臣又不顺,遂走而退。"(《左传·僖公八年》)

"为国以礼,其言不让,是故哂之。"(《论语·先进》)

"子曰……不能以礼让为国,如礼何?"(《论语·里仁》)。

从上列情况对照来看,孔子所贱的,是前面三种"仁";所贵的,是后面三种"仁"。即:"爱亲"之仁,"德以治民"之仁和"礼让"之仁,这正是那种趋向没落的领主阶级的思想意识。"贵仁"首先是有阶级、政治倾向性的。

从"孔子贵仁"和他经常谈"仁"的广泛内容中,可将"仁"的基本原则归之为"孝"。"有子曰:……君子务本,本立而道生。孝弟也者，其为仁之本与。"(《论语·学而》)"仁之本"就是"孝"，在《论语》中有时"孝弟"相连，有时"忠孝"相连，有时"忠信"相连，这只是根据不同对象而立言。"孝"是君子务本之道，如果立此根本——"孝"，那么"其为人也孝弟，而好犯上者鲜矣；不好犯上，而好作乱者，未之有也"(同上)。孔子的"孝"是和政治相联系的，他说："书云：孝乎惟孝，友于兄弟，施于有政，是亦为政，奚其为为政！"(《论语·为政》)"孝"和他的政治倾向一致，哲学思想和其保守的立场吻合，他用"仁"来协调统治者内部矛盾，就是立基于"孝"的。这就是所谓"君子笃于亲，则民兴于仁，故旧不遗，则民不偷"(《论语·泰伯》)。孔子强调"仁"，在于通过"仁"的修养，遵循宗法制度，巩固领主统治。领主统治正是以宗法制作为组织形式。周天子对于诸侯国来说，一方面是君臣关系，另一方面又是亲亲的关系，这种亲亲关系就是"仁"。所以孟子更清楚地说明了这个问题，"仁之实，事亲是也。"(《孟子·离娄上》)"亲亲，仁也。"(《孟子·尽心上》)"未有仁而遗其亲者也。"(《孟子·梁惠王上》)孔子把这种宗法伦理统治看作最合理的统治，说："道二，仁与不仁而已矣。"(《孟子·离娄上》)

"仁"的根本是"孝"，要达到"仁"，也只有从这根本开始。其方法就是"忠恕"之道。关于"忠恕"，我们可以从孔子对子贡的谈话中来了解。子贡说："如有博施于民，而能济众，何如？可谓仁乎？"孔子指出："何事于仁，必也圣乎！尧舜其犹病诸？"孔子从积极方面向子贡指出："夫仁者，己欲立而立人，己欲达而达人；能近取譬，可谓仁之方也已。"(《论语·雍也》)但子贡这个人，在"仁"的问题上尚需从根本修养，所以他提出"有一言而可以终身行之者乎？"孔子对他以"恕"回答，从消极方面指出："其恕乎？己所不欲，勿施于人。"(《论语·卫灵公》)但子贡自以为"恕"了，孔子干脆说："非尔所及也。""恕"实质上是要安分守己，要"无怨"，在家不怨父母，要"孝"，在邦不怨君，要"忠"，即所谓"己所不欲，勿施于人，在邦无怨，在家无怨"（《论语·颜渊》）。能这样推己及人，这就是"仁之方也已"。以"孝"著称的曾子说："夫子之道，忠恕而已矣。"（《论语·里仁》）是有道理的。每个人能"孝"，宗法制度必然稳固，所以"孝"是宗法制的中心。

"仁"在孔子哲学思想中占有重要的地位，他的"贵仁"的倾向是领主统治"礼"的一种特殊表现形态。"仁"是孔子哲学思想的外衣。

有的人被孔子的"仁"所迷惑，说"仁"是人与人的关系，把仁者"爱人"引申为爱一切人，说奴隶主也爱奴隶，因而有意无意地混淆了阶级界线，这是错误的和有害的。毛主席说："人民这个概念，在不同的国家和各个国家的不同的历史时期，有着不同的内容。"[①] 同样的道理，"仁"在各个历史时期，也有着不同的内容。孔子的"仁"绝不是抽象无物的，而是隶属于一定社会阶级的人的意识，有其阶级内容的概念。孔子的"爱人"，是企图达到巩固宗法制度的"礼"的统治。一方面讲"爱亲之谓仁"，以"仁"要求统治者，调和统治阶级内部矛盾，通过"仁"来恢复领主统治的"礼"；另一方面，从维护统治者的统治出发，要求统治者行政为"仁"，调和与被统治者的矛盾，通过"仁"来巩固"礼"。我们知道，调和阶级矛盾是保守的；站在进步阶级方面，就不需要调和阶级矛盾。在社会变革时，调和阶级矛盾是反动的。孔子的"仁"和"礼"有密切关系，"仁"不过是"礼"的一件外衣，这和其保守的阶级立场是一致的。

有人企图用孔子的"仁"来证明"孔子的两面性——表现在保守的阶级立场和进步的学说思想（还有反动的一面）之间的矛盾，也给他的全部哲学体系带来了矛盾"。"孔子基本上属于奴隶主贵族中的改良派，承认他的学说思想中除保守消极的一面外，还包含有积极进步

---

① 毛泽东：《关于正确处理人民内部矛盾的问题》，北京：人民出版社，1957年，第1页。

的一面（甚至是主要的一面）。"作者企图通过"仁"来说明，孔子的立场是保守的，而其学说思想则是进步的。这是不符合马列主义原则的，是自相矛盾的，在方法上也是错误的。哲学体系有矛盾，应该到产生这个哲学的社会经济基础上去寻求，因为"全部以往的历史，除原始状态之外，都是阶级斗争的历史，并且这些互相斗争的社会阶级，在每一特定时期都是生产和交换关系的产物，一句话，都是自己时代的经济关系的产物；因而也就发现了，每一时代的社会经济结构形成现实的基础，而每一历史时期由法权制度和政治制度以及宗教观念、哲学观念和其他观念所构成的全部上层建筑，归根到底都是应由这个基础来说明的"。① 作者也说"仁作为道德范畴，那么，它更只能是一定经济基础的反映"。从作为上层建筑的"仁"来证明上层建筑——哲学体系的矛盾，就不可能说明孔子哲学体系的矛盾。

　　一种哲学思想，总是由属于一定社会阶级的人们所创造的，而这些人的思想意识，又是历史地、必然地被这个阶级的社会生活所决定。由这些人所创造出的哲学，表现为这个阶级的需要。不论这个哲学家是否知道这一点，他的结果一定是被他所属阶级的政治主张和倾向所决定。因此，哲学的内容和它的倾向，总是直接或间接地为它阶级的根本利害服务，否则，哲学也就失去它存在的理由。既然孔子是"站在奴隶主贵族一边"，其政治态度是"很反动的"，而又说其"学说思想是进步的"，这就陷入了不能自圆其说的矛盾。作者不好意思公开否认哲学的党性，实际上却否定了这些原则。他自相矛盾地说："然而事情矛盾得很，当他提出以'仁'作为调整人与人之间关系的原则时，他的两面性就显露了。"原来作者的论据是，孔子出身于"士"阶层，"孔子虽以'士'身份服务于贵族奴隶主，却和那完全反动、没落的奴隶主有所不同（这正如旧社会许多知识分子），虽然基

---

① 恩格斯：《社会主义由空想发展为科学》，《马克思恩格斯文选》两卷集，1955 年莫斯科中文版，第二卷，第 135 页。

本上站在资产阶级立场，毕竟和那些完全反动没落的买办官僚大资产阶级分子有所不同，而有其反动与进步的两面性。"这里作者不但远离了阶级分析，采取了非历史主义的比附，而且是进行诡辩。从下文我们看到作者认为有两面性的资产阶级是指民族资产阶级，完全反动的资产阶级是指官僚买办大资产阶级。作者不顾逻辑错误，把民族资产阶级和官僚资产阶级两个不同的概念混淆了。事实倒正好说明：一个人具有两面性，正是由于他所属阶级有两面性。资产阶级知识分子有两面性，是由于民族资产阶级具有两面性。孔子既然是服务于没落的、反动的奴隶主贵族，那么，他只能具有反动性。

3. 孔子哲学思想的核心——"礼"

孔子的"礼"是封建制与宗法制相结合的一种制度。在《论语》中，"礼"虽没有"仁"谈得多，但"仁"和"礼"是有密切关系的，有时甚至混为一谈，用"仁"的外衣遮盖着"礼"的实质。从谈"仁"的内容来看，他把一切符合于"礼"的，都称之为"仁"。"礼"总是对"仁"起着制约作用，他谈"仁"也无非是要人按"礼"言行，服从"礼"制。"礼"是判定人的言行是非的标准，它在孔子哲学思想中起着决定的作用。因此，孔子的思想核心，绝不是根据他对什么谈得多少来判断，而应看他的思想从什么出发，围绕着什么，而又归于什么。按我们考察，"礼"是孔子思想的出发点，一切问题离不开"礼"，而一切又归于"礼"。孔子认为，没有"礼"，几乎不能做人；没有"礼"，就没有人间世；没有"礼"，社会也不成其为社会。

　　　　"不学礼，无以立。"(《论语·季氏》)

　　　　"不知礼，无以立也。"(《论语·尧曰》)

　　　　"兴于诗，立于礼，成于乐。"(《论语·泰伯》)

　　　　"动之不以礼，未善也。"(《论语·卫灵公》)

他的"仁"内在的实质是"礼",其"仁"的目的也无非是要归复于"礼"。所以我们说,孔子的思想核心是"礼"。

"礼"是"孝"的准则。

前面谈到,孔子的"仁"的根本是"孝"。"孝"同样也是"礼"的起点,"礼"又是"孝"的准则。孟懿子问孝:"子曰:无违。……樊迟曰:何谓也?子曰:生,事之以礼,死,葬之以礼,祭之以礼。"(《论语·为政》)"孝"不是一般的形式,而要出自"敬",要有"礼"。所以,孔子说:"今之孝者,是谓能养;至于犬马,皆能有养,不敬,何以别乎?"(同上)在儒家看来,真正的"孝"要符合于"礼",以礼为准则。孔子正是这样,连祭也要遵守一定的"礼"。"孝"也是维护"礼"的基本环节:"孝,礼之始也。"(《左传·文公二年》)"迩之事父,远之事君。"(《论语·阳货》)封建社会就是求忠臣于孝子之门。从孝到忠到仁到礼,宗法制度的"礼"的秩序就可以巩固。几千年来的封建礼教,就是从孔子这里来的。

"礼"是"仁"的内容。

"仁"的根本是"孝",而"孝"以"礼"为准则,从这里可以看出"仁"的内容受"礼"制约。因此,可以这样说:凡一切合于"礼"的,就是"仁","礼"是"仁"的内容。"礼"的破坏,在孔子看来,是由于"不孝""不仁"。他不知道"礼"破坏的真正原因,却天真地在维护着"礼",提出"克己复礼,为仁",企图通过"为仁",用"克己"的方法来达到"复礼"的目的。当其高第颜渊问"为仁"时,孔子说:"克己复礼,为仁。一日克己复礼,天下归仁焉。为仁由己,而由人乎哉。颜渊曰:请问其目。子曰:非礼勿视,非礼勿听,非礼勿言,非礼勿动。颜渊曰:回虽不敏,请事斯语矣。"(《论语·颜渊》) 从这段对话中，可以看到"仁"与"礼"的关系是："礼"是"仁"的内容，"复礼"是"为仁"的目的，"为仁"在于通过"克己"，即不做违"礼"之事，而做到"非礼勿视，非礼勿听，非礼勿言，非礼勿动"，这样就能"复礼"。在孔子看来，一切合于"礼"的就是"仁"，但"仁"不就是"礼"。管仲九合诸侯，一匡天下，是被孔子称为"仁"的人，但还是一个"不知礼"的人。因为"为仁与为国不同"，管仲只属于"利国之谓仁"，他不知"克己复礼"而"为仁"。但是一个人"不仁"，也根本谈不上"礼"。"人而不仁，如礼何?"(《论语·八佾》) 由此可见，孔子的思想核心是"礼"，"仁"正是这个"礼"的特殊形态，是"礼"的外衣，是"复礼"的手段。从这个核心——"礼"出发，又归复到这个核心——"礼"的道路，是一条有明确政治目标的复古道路。

"礼"是"正名"的目标。

"孔子三月无君，则皇皇如也。"(《孟子·滕文公下》) 他东奔西跑，推行"礼"的政治，企图恢复旧的统治。可是他的政治主张逆于时代的潮流，不能为当时新兴的统治者所用。但当他知道卫国想要他去为政时，就很高兴地和子路谈起为政来了。"子路曰：卫君待子而为政，子将奚先? 子曰：必也正名乎。子路曰：有是哉，子之迂也，奚其正? 子曰：野哉，由也! 君子于其所不知，盖阙如也，名不正则言不顺，言不顺则事不成，事不成则礼乐不兴，礼乐不兴则刑罚不中，刑罚不中则民无所措手足。故君子名之必可言也，言之必可行也。君子于其言，无所苟而已矣。"(《论语·子路》) 孔子的为政，先在"正名"。正什么名呢? 那就是他答齐景公的话："君君、臣臣、父父、子子"(《论语·颜渊》)，就是"礼"的政治。他对礼崩乐溃，"天下无道"的情况，表现出"不忍"的心情，因此要"正名"。他企图把社会向后拉，去符合那过了时的"名"。这和"克己复礼、为仁"的目的一致，其实质就是为了挽救领主统治，巩固宗法制度。他唯心主义地认为，统治者能身体力行"礼"的统治，政令就可实施，政权就可牢固，否则"名失则愆"（《左传·哀公十六年》）。他认为名正就言顺、事成、礼乐兴、刑罚中，就可以正民。所以他说："其身正，不令而行；其身不正，虽令不从。"（《论语·子路》）当"其身不正"的季康子问政于孔子的时候，孔子对他说："政者，正也。子帅以正，孰敢不正？"（《论语·颜渊》）其实季康子心目中的"道"，已不同于孔子，而孔子却念念不忘周礼的"道"，一生想"从周"，"为东周乎"，连做梦也想见周公。"正名"和"复礼"的雄心大志，充分表现了他的保守性。孔子哲学思想的核心——"礼"的陈旧性，决定了他整个哲学思想的保守落后性。

有人从"礼"的原始意义，来说明孔子的"礼"是"训练人民顺守纪律以求达到团结的目的"，说从"克己复礼为仁"的"礼"，"也不必像时贤中有人那样解为周礼，只是原始意义的礼"。并证之以《荀子·礼论篇》说："当初制礼之始，群体中原没有什么上下，贵贱之分，只看人们劳动的轻重难易，而为之制定了度量的分界来分配收益（实即今语的按劳分配），借以止争而弭乱，用意不过如此而已。""礼也者养也"，"你看它只强调了一'养'字，就可知这一所谓度量分界的礼，实是只用以维护每个人的生存权的制度。用今语来说明，'礼'的原始意义，只是群和己间生存权的分界。今人强调礼有阶级性，这样的礼何尝有什么阶级性呢？"

这种说法是错误的。我们在研究古代人的思想时，有时必要搞清一个字的原义。但仅止于此是很不够的。而用一个固定的字义界说不同时期的内容更是错误的。必须明确各个特定时期的"礼"，有它不同的内容。孔子把"礼"作为一种严格的阶级等级制，所谓"贵有常尊，贱有等威，礼不逆矣"（《左传·宣公十二年》）。从社会制度上和适应这个制度的一切仪式上，都给"礼"赋有阶级的内容，怎么能说"礼"没有阶级性呢？"季氏八佾舞于庭"和"旅于泰山"（《论语·八俗》），这些违犯了严格的阶级的"礼"制。如果说孔子的"礼"是"以训练人民顺守纪律以求达到团结的目的"的话，那季氏这样做不也很好吗？孔子对季氏为什么又要"不可忍"呢？为什么说管仲"不知礼"呢？他对"礼"赋有明显的阶级性，怎么扯得上"礼何尝有什么阶级性？"孔子特别重视阶级的"礼"，这一点他是坚守其原则的。他对"礼"的一些细节，有时倒是可以马虎一点，他说："麻冕，礼也，今也纯，俭，吾从众。拜下，礼也，今拜乎上，泰也，虽违众，吾从下。"（《论语·子罕》）对前者，他是"从众"，对后者，他宁愿"违众"。用《荀子·礼论篇》来说明"礼也者，养也"，孔子自己并不承认。他说："礼者，敬而已矣。"（《孝经》）他把"敬"与"不敬"作为人和犬马的区别。如果把孔子的"礼"说成是一"养"字，其结果不是与想尊孔的目的背道而驰了吗？

三、小结

综上所论，有以下三点看法：

1. 孔子所处的社会，是领主制向地主制转化的社会。领主统治趋向没落，宗法制度已经动摇。在这历史交替的变革时期中，他反对"田赋"，主张"藉田以力"。他反对弃旧度，"铸刑鼎"的"乱制"行为，主张"贵贱不愆"的旧法度。孔子的政治态度是保守的、反动的。他站在没落的封建领主阶级立场，反对历史的进步，而维护过时的领主统治和动摇了的宗法制度。其哲学思想也反映了他这一没落阶级的要求。孔子的哲学思想，既是唯心主义的，又是保守的，是和他的阶级立场、政治倾向完全一致的。孔子是封建领主阶级的代言人。

2. 在阶级社会中，每个人都是隶属某个阶级的。作为阶级的人，他的思想意识，总是为其政治倾向所左右，表现着一定阶级的需要。因此，我们要了解孔子哲学，就必须弄清楚他是处在什么样的历史条件下，在当时社会生产中处于什么地位，他的政治倾向是促进社会发展，还是保守旧的秩序；同时又要根据他的思想、言行和主张，弄清他所代表的是什么阶级的利益和要求，是为什么阶级服务的。因为他的主张、言行等，不能是孤立的，而是和历史时代相联系的，是由一定阶级的需要产生的。任何一个哲学家的哲学思想，总是不能超出他所属的阶级的视野，哲学思想和阶级立场必然是一致的。

3. 无产阶级的观点和方法，是研究和评价孔子哲学的唯一正确和科学的观点和方法。离开这一原则，结果必然是错误的，更不可能"还孔子的本来面目"。学习运用无产阶级观点和方法，去研究和评价过去哲学的过程，亦是我们学习马列主义毛泽东思想，进行自我思想改造的过程。通过对历史上哲学思想的分析，可以加强我们的阶级观念，这对我们本身的改造和提高有很大作用。

说明：本文原载于 1963 年第 9 期《江海学刊》。

不能拿矛盾调和论冒充"光辉思想"

——也谈方以智的"合二而一"

杨献珍同志说·"任何事物是'合二而一'的","什么叫对立的统一？中国有句古语，'合二而一'，这句话的意思是物是合二而一的"，客观事物根本规律的"合二而一"，来自方以智（明末人）的《东西均》，这是"中国古代关于对立统一的光辉思想"①。方以智的"合二而一"思想，是否是客观事物的根本规律？是否是"关于对立统一的光辉思想"？本文就方以智的"合二而一"，作简单分析。

一

《东西均》②是方以智的晚期著作，它代表方以智的主要思想。在这部书中提出的"合二而一"也反映了方以智成熟了的世界观。我们要分析他的"合二而一"思想，首先了解一下方以智的生平社会实践是必要的。

方以智是明清之际的一位哲学家，生于明万历三十九年（公元1611年），死于清康熙十年（公元1671年）。他曾做过明崇祯翰林检

---

① 见王中、郭佩衡：《就"合二而一"问题和杨献珍同志商榷》，1964年7月17日《人民日报》。

② 《东西均》原是一未刊稿的抄本，经李学勤校点，1962年由中华书局出版。根据校点者的看法："这部钞本是在方以智生前钞成的"，并经方以智的"亲笔增改"。

讨，北京明王朝覆灭后，南下到广东，永历时，任用方以智为詹事府左中允。清兵入广东后，他即出家为僧，最后又回到家乡桐城浮山。

方以智在矛盾着的社会中，看到了农民在到处起义、反抗腐朽的统治者，感到"天下之风已渐变，而天下之乱已极"（"拟求贤良诏"），但他又不愿与农民一道反叛，不愿做"贼"。他期待着政治上的开明，以求得"上下通情"，向统治者屡次上书，提出"自人主好贤好学始"（《曼寓草·帝学》）。在他看来，只要有有知识的帝王将相，就能行开明的政治，企图以读书达到变革社会的目的，而对没落的皇权寄予深厚的同情。然而方以智改变社会的幻想，当然没法实现。他只好处于无所适从的矛盾之中，"欷斯世之处兮，又奚之可适"（《浮山前集·稽古堂二集》），他深感"吾处此世，而不能自强，又不能逃"（《稽古堂二集》）。方以智在矛盾面前，表现出极大的软弱性，最后他还是逃了，假佛逃世、逃禅做和尚。方以智的一生，从志以改革社会而到逃世，他还想以"钟声敲出铎声"（《愚者智禅师语录》卷一），结果敲出了一个"合二而一"，既有"钟声"，也有"铎声"。因此，在方以智的哲学思想中，既有禅学，也有神秘的象数之学。他的儿子方中通说他"逃世还传救世方"（《陪诗迎亲集》）。一个人逃世避不见人，脱离了现实社会的斗争，转向于埋头温古昔，"坐集千古之智"（《通雅》卷首）的隐居生活，这怎么可能呢？可能的倒是他在矛盾面前悲观的宿命论："时也，势也，英杰生此时之命也"，因此只好"听其自然，俟之之道也，至人不伤其天，时至则死耳"（参见《岭外稿》）。一个人的社会生活实践，决定了一个人的哲学思想，方以智的社会生活实践，决定了方以智的"合二而一"。

二

方以智的"合二而一"思想，是只承认"一"，抹煞事物的矛盾"二"，他所说的"二"，是因为"一不可言，而因二以济"（《东西均·容遁》），"因二以济，而实无二无一也"（《东西均·三征》）。从这个原则出发，方以智用"火"来说明事物的生成，他经常说："满空皆火"、"弥空皆火"，"满空皆火，物物之生机皆火也"(《炮庄》)。因为"火"与其他东西不同，"五行各有其性，惟火有二，曰君火……相火"，"火内阴外阳而主动者也，以其名配五行谓之君"，"因其动而可见，故谓之相"。又说："五行尊火曰君，育觉发机曰相"(以上见《物理小识》卷一)，君相交合就构成了运动。在五行之中，他是尊火的，因为五行之中的金木水土四行是有形质，唯火是无体，它是因物乃见的，"火无体而因物为体"，"火"虽然无体，但是产生万事万物的生机都是"火"，"天非此火不能生物，人非此火不能自生"(《物理小识》卷)。火无体，一也是无体，用火来说明事物的生成，实际上是说明"一"是生成事物的根源。方以智有时又把"火"和"气"看为一样的东西，如说："气者天也"，又说："天与火同"，他在《物理小识》中说："一切皆气所为也，空皆气所实也"，这些只是名字的不同，"气也、理也、太极也、自然也、心宗也、一也，皆不得已而立之名字也"(《东西均·所以》)。而实际上"名殊而实本一"，事物所以生成的"理"就是"一"，他说："所号'所以'者，答可以问'何以'者也，本一也。一者，无也。"(《东西均·译诸名》)有"一"方有"二"，因"一不可言"，故而"因二以济"之(《东西均·容遁》)。"二"不是客观事物的矛盾，只是为了说明"一"的，根本不是什么对立面，你用三说明也可以，他和佛教华严宗一样说："一即一切，一切即一，事事无碍，则一切俱无碍。"(《东西均·道艺》)方以智认为"一"是运动的根源，也就是方以智所说的天地间的"至理"，这个"为物不二是至理"(《物理小识》卷一)不能言语，就"因二以济"，因"二"来说明，这就是方以智所说的正反两个方面"相反相因"的关系，他说："吾尝言天地间之至理，凡相因者皆极相反"，"所谓相反相因者，相救相胜而相成也"(《东西均·反因》)。这里，方以智从佛教那里提出正、反因的关系，"佛言三因，得此反因"，而"大因"(或"公因")统正因和反因，这个"大因"就是"合二而一"的"一"，就是"太无"、

"所以"，故他说："真一统万一，太无统有无，至善统善恶，统也者，贯也，谓之超可也，谓之化可也，谓之塞可也，谓之无可也。……吾醒之曰太无，而实之曰所以。"(《东西均·反因》)因此，"一"也不是什么对立的统一，而是绝对的"一"，是无矛盾的"真一"，在天地万物之前就存在着的，"知真一，则大因明矣"(同上)。方以智所说的："虚实也，动静也，阴阳也，形气也，道器也，昼夜也，幽明也，生死也，尽天地古今皆二也。两间无不变，则无不二而一者相反相因，因二以济，而实无二无一也。"(《东西均·三征》)

"二而一"即"合二而一"。方以智的"合二而一"的思想，是从"一"开始，用"二"来说明"一"，再把"二"融合为"一"，这正反映了方以智在矛盾面前调和矛盾，"合二而一"是矛盾调和论。方以智在《东西均》的开章中对"均"解释说："均者，造瓦之具，旋转者也。"董江都曰："泥之在均，惟甄者之所为。因之为均平，为均声。……均固合形声两端之物也。""均"是一神旋转的陶具，是调和乐器声音的东西，看来方以智把他这本晚期的哲学著作叫作《东西均》，不是没有思想出发点的。我们不能看到古人说"相反相成"、"阴阳"、"生死"等话，就认为是表达了对立的统一，更不能把"合二而一"说成是对立统一的光辉思想。

杨献珍同志把"合二而一"说成是对立面的统一，而"对立面的统一思想，只是说矛盾的两个侧面是不可分离地联系的"，"矛盾的统一，只是说矛盾双方是不可离地联系着的意思"。①

唯物辩证法认为对立的两个方面是联系的，但这个联系是不断斗争着的对立面联系，而不是只强调对立面的不可分性，更不是"合二而一"，更重要的是对立面的可分性。方以智的"合二而一"没有"'对立统一'的意思"，这是与唯物辩证法的对立统一规律对立的。

---

① 杨献珍：《关于"合二为一"的问题》《哲学研究》，1979（5）：33—37。

三

什么是对立面的统一呢？列宁说："就是承认（发现）自然界的（也包括精神的和社会的）一切现象和过程具有矛盾着的、相互排斥的、对立的倾向"①，也就是"一分为二"。毛主席说："在人类社会和自然界，统一体总要分解为不同的部分，只是在不同的具体条件下，内容不同，形式不同罢了。"②这样就把握到事物是怎样构成的和怎样发展的，所以列宁在谈到两种基本的发展观时说只有第二种发展观点："认为发展是对立面的统一（统一物之分为两个互相排斥的对立面以及它们之间的互相关联）"才是"活生生的……才提供理解一切现存事物的'自己运动'的钥匙，才提供理解'飞跃'、'渐进过程的中断'、'向对立面的转化'、旧东西的消灭和新东西的产生的钥匙"。③这里重要的是矛盾的斗争，也就是一分为二的发展观，在"一"中把握"二"。

与此相反，方以智的两端无不交的"合二而一"是强调"一"，是"合而求一"，而"一"又是"二"的折中，是矛盾的平衡，他说："独性各别，而合性则一，阴阳和平，中道为贵。"（《物理小识·总论》注）他在"独性"之上，有个"公性"，在"独心"之上，有个"公心"，而"公性"是"无始之性"，"公心"是"先天之心"，故他说："有公心，有独心，有公性，有独性。独心则人身之兼形神者，公心则先天之心而寓于独心者，公性则无始之性，独性则水火草木与人各得之性也。"（《东西均·译诸名》）这里，方以智从主观上调和矛盾，用"心"吞并客观事物的矛盾，"心大于天地，一切因心生者，谓此所以然者也。谓之'心'者，公心也，人与天地万物俱在此公心中"（《东西均·象数》)，万事万物离开"心"都不成立，"离心无物"

---

① ③　列宁：《谈谈辩证法问题》，《列宁选集》第 2 版第 2 卷，第 711—712 页。
②　毛泽东：《在中国共产党全国宣传工作会议上的讲话》，单行本，第 18 页。

（《东西均·三征》），"要之，一个世界，十世古今，总是一个心，无二无别。……总归一心"（《东西均·容通》）。什么是"中道"呢？就是对立双方的和平，他说："愚曰：权无我，物有则，可立与权，何远之有，正中者立也，时中者权也。"（《炮庄》）"权"是什么呢？就是"以无遣有者，权也"（《东西均·三征》），而"一者，无也"。以"此本无对待之无，而周流对待之环"（同上），就是"时中"。因此，方以智说："通圆中，秉正中，而措其时中"（《东西均·道艺》），"时中"就是"合二而一"的"一"，是绝对的统一，也是矛盾的调和，是"二"的折中，两端相交，就达到这样的"一"。方以智有时把这种"一"叫作"真一"、"至一"、"真如"、"圆相"、"环中"……这些名称的不同，只是"因时设施异耳"（《东西均·扩信》），这是最完美的，是至上的而且是普遍的。他说："总来中统内外、平统高卑、不息统艮震、无着统理事，即真天统天地，真阳统阴阳，太无统有无，至善统善恶之故。"（《东西均·三征》）总的精神是求得调和矛盾，"要在知无对待之真一以贯对待中"（《东西均·全偏》），方以智认为"若欲会通正当，合二求一，而后知一在二中"（《物理小识》卷一），"合二求一"，因为"二本于一"（《东西均·反因》），而"本一者，充类之极也"（《东西均·全偏》），"而后知一在二中"，因为"一在二中者，充类无所不用其极，极而后回者也"（同上）。这样，先有一个"充类之极"的"一"，然后再"合二而一"回到这个"一"，从现象上方以智承认一切事物有正反面的矛盾，但最根本的是没有矛盾，把这种无矛盾的"一"贯于"二"，"贯则为一"，又因"贯难状而言几"（《东西均·三征》），"几"就是运动的平衡，且是运动的开端，"何谓几？曰：交也者，合二而一也；轮也者，首尾相衔也。凡有动静往来，无不交轮，则真常贯合于几可征矣"，"几者，微也，危也，权之始也，变之端也。"（《东西均·三征》）"几"就是"权之始"，而"时中者权也"，这个矛盾平衡的"时中"，就是变化的开端，这里的交——轮——几，是方以智的运动变化的公式。交——合二而一，轮——首尾相衔，几——矛盾的平衡（时中、环中……），整个的交——轮——几是一个至美的"一"，故他说："不息几于代错"而"所以代错者，无息之至一也"。(《东西均·三征》)虽然方以智说这种变化是不息的，但终究是"至一"的，"在对立面的斗争中的发展，是合于辩证法的发展"。[①]不能认为讲到变化的就是辩证，根本的是看他从什么立场来对待变化，是否认它，是正确理解它，是抹煞它，还是有意歪曲它。"合二而一"是矛盾调和论，因此，方以智的矛盾观和恒动观，不过是绝对统一中的循环往复。变在不变中，"观玩环中，原其始终，古今一呼吸也"(《曼寓草·周易时论后跋》)。而且带有浓厚的象数色彩和禅学糟粕，一切事物的变化是象数的必然，本来就是安排好了的，他说："一切物皆气所为也"，气之为，因其有"理"，这"理"也就是那个神秘的象数，而象数是"非人之所能为也，天示其度，地产其状，物献其则"(《物理小识》卷一)，一切变化，都"是数为之也"，甚至天体的形成，人体的构造，都是一定数的安排，这似乎是绝对，他附会说："阴阳意言，皆之因也，你汝若人，皆二之端也，生死时事，皆三四之参也。二舌声，三四齿声……秩序变化……"(《通雅》卷首)所以方以智把一切归结为"征其端几，不离象数"。由此可见，他把变化的原因归之为"象数"，也可知其"合二而一"的"一"，是导源于"河图""洛书"。所谓不息的变化，不过是"象数"演导出来的，因为"象数"这个神秘的东西是"至定"的，不定的话，也只是"气蒙""事乱"而已。"天地之象至定，不定者，气蒙之也；天地之数至定，不定者，事乱之也。达者始终古今，深观时变，仰察蒙气，俯识乱事，而权其理，则天官备矣。"(《物理小识》卷一)因此"合二而一"的所谓两端的相交的"恒动"思想，实际上是"非人之所能为也"的"至定"的象数的排列，"一有天地，无非象数也"(《曼寓草·周易时论后跋》)，这种变化是不发展的，是

---

① 毛泽东：《在中国共产党全国宣传工作会议上的讲话》，单行本，第 18 页。

数的机械循环，在象数中兜圈子。方以智又从佛教那里假用了"轮"这个概念，"佛辟天荒则创名曰轮"（《东西均·三征》），这个"轮"就是一个"环"，而且"物物皆自为轮"（《东西均·三征》），"轮也者，首尾相衔也……无终始而有终始，以终即始也"（同上）。一切运动变化都逃不出这个"轮"，"举有形无形，无不轮者，无所逃于往来相推，则何所逃于轮哉"（《东西均·三征》），运动来运动去，"乃一轮也"，就是这样"二而一，一而二，分合，合分，可交，可轮"（《东西均·张弛》）的。方以智吸收了佛教三世轮回说，推之于一切事物皆然，他说："如此而原始要终，三世之故，莫明于此"，"以此推之，凡理皆然"（《东西均·三征》）。因此方以智"合二而一"的矛盾平衡和运动循环论，不是客观事物的辩证关系的正确反映。

恩格斯说："平衡是和运动分不开的。在天体的运动中存在着平衡中的运动和运动中的平衡（相对的）。……在太阳上……在地球上运动分化为运动和平衡的交替：个别运动趋向于平衡，而整个运动又再破坏个别的平衡。……在活的有机体中……这种运动在正常的生活时期是以整个有机体的经常的平衡为其结果，然而又经常地处在运动之中；我们在这里看到运动和平衡的活的统一。一切平衡都只是相对的和暂时的。"[1]

方以智把事物的矛盾看作是绝对的平衡，是至善的，而且是事物运动的端机，这是和他的调和矛盾、逃避斗争的人生观一致的，因此是保守的。"世界上没有绝对地平衡发展的东西，我们必须反对平衡论，或均衡论。"[2]

革命的辩证法，它是现实世界辩证运动的正确反映，是无产阶级的世界观和方法论，它是无产阶级运动的伟大活动家综合了人类认识史的积极成果，而不是一个脱离社会生活实践、逃避现实斗争、过着

---

[1] 恩格斯：《自然辩证法》，人民出版社 1955 年版，第 205—206 页。
[2] 《毛泽东选集》，第 1 卷，第 314 页。

隐居生活、"坐集千古之智"逃禅为僧的方以智所能"表达"的。

方以智的"合二而一"不仅没有也不可能"表达"辩证法的对立统一规律，而且它还比恩格斯在《费尔巴哈与德国古典哲学的终结》中所说的那种 18 世纪的机械唯物主义还更低级一些，恩格斯说："自然界处在永久的运动中；这点是当时的人们也曾知道的。但根据当时人们的想法，这种运动是永远在同一个圈子内旋转着，从而也就永远是停留在同一地点上：它总是导致同一的结果。"① 因此，"合二而一"不是对立统一的光辉思想，而方以智以"出世"的理论歪曲现实社会的矛盾，用"合二而一"的矛盾调和论麻痹人民的斗争意志，放弃对现实世界的斗争，以退出政治来过问政治，这又有什么值得推崇的地方呢？杨献珍同志把哲学史上的糟粕当作"精华"，用方以智的"合二而一"为自己的错误观点服务，这不是很明显的么？

说明：本文刊载于 1964 年第 9 期《学术月刊》。

---

① 《马克思恩格斯文选》(两卷集)，第 2 卷，第 371 页。

论荀子的哲学思想

荀子名况，也叫孙卿，战国末期赵国人，生卒年代已不可考，他的政治学术活动年代，约在公元前298—前238年。根据《史记》记载，荀子曾游学于齐。当时齐国早已由姜姓的齐国变成了田姓的齐国，由奴隶制向封建制过渡。齐王为了招纳人才，在国都临淄的稷下设立了学宫，集中了不少人，"不治事而议论"。齐襄王时，荀子由于他的学说适合地主阶级的需要，在稷下学宫中"三为祭酒"，即三次被任命为教长。荀子打破儒者不入秦的惯例，亲自到地主阶级掌权的实行法家主张比较彻底的秦国观察。他站在地主阶级立场上，称颂封建制度"治之至也"。说从秦孝公到秦昭王"四世有胜"，不是侥幸，而是"数也"，是合乎历史发展规律的。（见《荀子·强国》）荀子虽然还没有完全摆脱儒家的思想束缚，但他在实践中肯定和歌颂了进步阶级的"法治"，和儒家形成鲜明的对立。法家李斯、韩非，都是荀子的学生。荀子被历代的儒家卫道士看作是儒家的异己分子，是由于荀子背叛了儒家，是儒家的叛逆者。荀子后来做过楚国的兰陵令，晚年定居在那里，直到老死。他的著作有《荀子》一书（下引《荀子》只注篇名）。

荀子虽然出自儒家，但在儒法斗争中站在法家立场上，对奴隶主阶级的传统思想进行了毫不留情的攻击，尖锐地批判了儒家的"天命"论、先验论和所谓"礼治"。

在奴隶社会中，奴隶主阶级为了论证奴隶制的"合理"，维护世袭的奴隶主统治，把"人间的力量采取了超人间的力量的形式"，虚构了一个宇宙和社会的主宰，称为"帝"或"天帝"，后来又称为"天"。它的号令就是"天命"。天国的统治是由于人间的统治而存在的。上帝是天上的奴隶主，奴隶主是人间的上帝。作为奴隶主旧贵族思想代表的儒家，为了维护奴隶制，就一定要维护天即上帝的地位。孔子和孟子都鼓吹天有人格和意志，宣扬君权天授。其目的是说旧的统治秩序动不得，不准被统治阶级起来造反。

一个阶级要推翻另一个阶级，必须进行思想舆论上的准备。荀子作为新兴地主阶级的思想代表，在天人关系问题上，对奴隶主贵族故意把天人关系混淆起来的儒家"天命"论开展了尖锐的斗争。荀子认为天就是自然界。他汲取了当时与农业生产有关的天文学知识，用以说明日月运行、周而复始的自然规律，并以此来证明天就是自然界及其变化。自然界运行变化是有客观规律的，它不以人们的主观好恶为转移；自然界及其规律是无意识、无目的的，它不因为人类社会的好坏而改变。荀子说："天不为人之恶寒也，辍冬；地不为人之恶辽远也，辍广。"又说："天行有常，不为尧存，不为桀亡。"（《天论》）荀子认为人们依照规律去做，效果就好，如果违反规律，就遭到灾祸。他把天和人、自然和社会区别开来，提出要"明于天人之分"，认为人间的吉凶与天没有关系，凡事决定于人，而不决定于天。只要重视农业生产而又节省开支，则天不能使之贫，给养完备而又行动适时，则天不能使之病，遵循客观规律而不违背，则天不能使之祸；如果相反，则天也不能使之富、使之全、使之吉（见《天论》）。"明于天人之分"，这是一个战斗性的唯物主义哲学命题。它肯定了自然界、物质世界独立于人们主观而存在，否定了儒家"死生有命，富贵在天"的"天命"论和天人合一思想。它反映了新兴地主阶级初登上历史舞台的时候，对旧的奴隶主贵族的统治十分藐视，而对自己的事业和力量则充满了信心。

荀子认为人也是自然的产物，是万物中的一类。由于自然的职能和功效，有了人的形体，"形具而神生"，人的形体具备了，精神也随之产生。物质的形体是第一性的，精神后于形体，并依附于形体而不能独立存在。他还把人的感觉器官（耳目鼻口形）叫作"天官"，把人的思维器官（心）叫作"天君"，并认为这是天然的物质的生理结构，它们各有接受外界刺激的天然本能（见《天论》），是人类精神活动的物质基础，人有认识事物的能力，而且有社会组织（群），和禽兽不同。人能够有"群"，所以才"多力则强，强则胜物"，如人的气力不如牛，走路不如马，但牛马为人所用；人能够"裁万物"，即制裁和利用万物（《王制》）。这里，荀子一方面表明了"群"只是人类所特有的，而不是自然界的普遍现象；另一方面表明了人能"裁非其类以养其类"的能动作用。人的"养"是自己用"力"争取来的，"节遇谓之命"（《正名》），使"万物得宜，事变得应"（《富国》），那么就能官天地而役万物，而不是出于天的恩赐，荀子提出了"制天命而用之"（《天论》）的人定胜天的光辉思想。

在没落奴隶主阶级的各种思潮和学派中，孔子鼓吹"唯天为大"，要"知天命"和"畏天命"。孟子宣扬"皆天也。非人之所能为也"。结论是"莫非命也，顺受其正"。在当时同样是没落奴隶主阶级思想代表的道家，则采取了另一种比儒家更为"精致"的唯心主义形式。老子鼓吹"无为"，强调"万物将自化"，他说"吾是以知无为之有益"。庄子说："天与人一"，人的死生存亡、穷达富贵、饥渴寒暑，"是事之变，命之行也"，结果是"知其不可奈何，而安之若命"（《庄子·人间世》）。道家宣扬的所谓"道"、"天"、"命"，实际上是一种变相的天命论。儒、道二家从不同角度否定了人的能动作用，儒家是宣扬旧的奴隶制统治秩序动不得，道家是强调新的封建统治秩序的建立不可能和无必要。他们殊途同归，其目的都是要人安分守己，服从奴隶主贵族的统治，阻挡封建统治取代奴隶统治的历史车轮前进。

荀子批驳这些谬论是"错人而思天，则失万物之情"。他说：把天看得很尊重而思慕它，何不把天当作物来养畜而控制它；顺从天而颂扬它，何不掌握和控制天的变化规律来利用它；观望天时而坐等恩赐，何不因时制宜而使天时为生产服务；听任物类自然生长而增多，何不把万物管理好而不失掉它的作用；指望物类的自然发生，何不掌握物类生长规律辅助它成长。因此，放弃人的作用而对天痴心妄想，这是不符合物类的发生成长的真实情况的（以上见《天论》）。荀子"制天命而用之"的人定胜天思想和"天地官而万物役"的气概，与孔孟和老庄的没落奴隶主阶级的思想，恰好形成鲜明的对照。荀子还反对当时的"营巫祝""信禨祥"。他尖锐地批判了奴隶主阶级思想家子思的"国家将兴，必有祯祥；国家将亡，必有妖孽"的胡说，指出日蚀、星坠等自然现象"是无世而不常有之"，用不着惊慌害怕。他认为"治乱非天也"，最可怕的还是人为的灾祸，说："物之已至者，人妖则可畏也。"（《天论》）荀子由于站在当时进步阶级立场上，敢于正视社会的治乱和人事的吉凶与天没有关系，揭露和批判奴隶主阶级利用少见的自然现象而进行的欺骗。但他也是剥削者，是历史唯心主义者，不懂得天灾和人妖的社会根源。尽管如此，荀子对奴隶制传统观念的批判精神，对阻碍当时历史车轮前进的各种反动思潮的涤荡，毕竟反映了新兴地主阶级在向奴隶主统治冲击的时候，曾经是一个生机勃勃的革命者。

荀子针对儒家"知天"的议论，反对唯心主义的认识论。他认为关于天的本身，大可不必探讨。只要根据天所表现出来的现象，做人可以预期的事就好了，以土地为条件，进行生产就好了，"天有其时，地有其财，人有其治"（《天论》），人只要能配合自然的变化，做到"人有其治"，适应天时和土地的情况去从事生产，就一定能达到"治"的局面。因此，"唯圣人为不求知天"（《天论》）。至于孔、孟那种所谓"知天"，谈天说鬼，画猫充虎，只会造成认识上的混乱（惑）。荀子这种强调"善言天者必有征于人"（《性恶》）的思想，和法家韩非所说"能象天地，是谓圣人"一样，在当时是一条唯物主义的认识途径。同唯心主义的"天命"论相联系，儒家的孟子在认识论上鼓吹唯心论的先验论。他强调人的感官不会思考，它与外物接触，反而把内心所固有的良知良能引向迷途，从而认为只有从主观"心"到主观"思"，才能得到良知良能。他排斥了感性认识而强调"思"，这就成了无源之水、无本之木的主观唯心主义的"思"。其实，他的真正目的是说明耳目之官是"小体"，心之官是"大体"，"从其大体为大人，从其小体为小人"。（《孟子·告子上》）这样一来，"劳心者治人，劳力者治于人"也就成了"天下之通义"了（《孟子·滕文公上》）。荀子则完全不同。他强调人的认识或才能来源于对客观事物的认识，说："所以知之在人者，谓之知；知有所合谓之智。所以能之在人者，谓之能；能有所合谓之能。"（《正名》）这是说人的认识能力与客观事物相接触，并符合客观事物叫作"智"，即知识；人的能动能力作用于客观事物，并符合客观事物叫作"能"，即才能。他深刻地批判了孟子的"良知良能"说，荀子说："心有征知。……然而征知必将待天官之当薄其类然后可也。"（《正名》）这就是说，思维器官必须有待于感觉器官去和认识对象接触，然后才好发生"征知"的作用。因而，"材性知能，君子小人一也"（《荣辱》）。君子并没有异于人之处，只不过是因为善于学习而得到知识。他说："君子生非异也，善假于物也。"（《劝学》）

"各种形式的阶级斗争，给予人的认识发展以深刻的影响。"在奴隶制名存实亡的情况下，孔子认为是"天下无道"，大叫"正名"，要求恢复和维持奴隶主阶级的道德规范，用"名"去改变"实"，以达到"天下有道"。这是唯心主义的认识路线，在政治上是复辟的路线。与此相反，荀子也讲"正名"，他从当时斗争的现实出发，为建立新的剥削关系和封建社会等级秩序服务，提出"制名以指实"，"实"先"名"后，"名"是从属于"实"并为"实"服务的，这是唯物主义的认识路线。在名实关系，即事物的名称和它所代表的事物的关系上，孔子认为"名失则愆"，旧的"名"是动也动不得的。而荀子坚定地认为"名无固宜，约之以命，约定俗成谓之宜，……名无固实，约之以命实，约定俗成谓之实名"(《正名》)。这是说什么实用什么名，什么名指什么实，名并非是固定不变的，而是"约定俗成"，随着形势的变化而变化。荀子主张制名必须指实，要以名符实，反对孔子的以实符名；荀子还认为"名"是社会历史的产物，可以循用旧名，也可以制作新名，他说："若有王者起，必将有循于旧名，有作于新名。"因此，荀子的正名说，与孔子的"正名"是为了恢复以血缘关系为基础的奴隶制不同。他的"制名以指实，上以明贵贱，下以辨同异"(以上见《正名》)，是为建立封建等级制服务的，是在于"壹于道法而谨于循令矣"(《正名》)，统一认识，统一思想，统一于封建社会秩序，行法循令。所以，荀子猛烈攻击孟子是"案往旧造说"，是"僻违而无类"，还要自己吹捧自己是"真先君子之言"，事实上是在"饰邪说，文奸言，以枭乱天下"(以上见《非十二子》)。荀子对孟子的尖锐批判，说明在思想阵地上，不是东风压倒西风，就是西风压倒东风，其间绝没有什么可以折衷、调和的余地。

一定的思想路线导致一定的政治路线，荀子在明于"天人之分"的基础上，强调"性伪之分"，提出"人之性恶"，反对孟子的"性善"论，说："其善者伪也。"(《性恶》)荀子认为人生而有欲好利，这是"生之所以然者"(《正名》)，"是禹桀之所同也"(《荣辱》)。人之所以能"出于治，合于善"，是后天的人为(伪)。他说："凡性者，天之就也，不可学，不可事。礼义者，圣人之所生也，人之所学而能，所事而成者也。"人可学而能、可事而成的叫作"伪"(见《性恶》)。在这里，荀子批判了儒家所谓的"良知""良能"，否定了有先天的道德观念的存在。他认为"尧舜之与桀跖，其性一也；君子之与小人，其性一也。"(《性恶》)性都一样恶，"然而可化也"，只要在后天的环境中，像积土成山，积水成海那样，"涂之人可以为禹"，所谓圣人只不过是"人之所积而致矣"(《性恶》)。荀子否定世界有所谓天生的圣人，否定奴隶主贵族是天生的统治者，积极地为地主阶级走上历史舞台作舆论准备。

　　"礼"在荀子的社会观中占有重要的地位。在《荀子》三十二篇中，除《仲尼》《宥坐》两篇没有提到"礼"外，其余都对"礼"的重要性和具体礼节作了论述，凡三百四十处。但是，荀子所谓的"礼"与儒家的"礼"有着不同的阶级内容。荀子说："礼起于何也？曰：人生而有欲，欲而不得则不能无求；求而无度量分界，则不能不争。争则乱，乱则穷。先王恶其乱也，故制礼义以分之，以养人之欲，给人之求，使欲必不穷乎物，物必不屈于欲，两者相持而长，是礼之所起也。"（《礼论》）他讲礼的起源，在内容上完全侧重在法。礼是"物"的"度量分界"，因为人生而有欲求，"欲虽不可去，求可节也"（《正名》），礼成了节人之求的法度，如同"程者，物之准也"一样，礼是"节之准"（《致士》）。《礼记·乐记》注："节，法度也。"这里"礼"和"法"是一样的。法家认为"人民众而货财寡"，"故民争"，需要"法治"。荀子认为礼起源于后天的"伪"，批判了孟子所谓"恭敬之心"、"辞让之心，礼之端也"的胡说。"礼者，养也"，是给养人的欲求，使物与欲两者矛盾统一，需要有"度量分界"。这里所谓的"分"，就是《王制》篇人所以群的"分"，也就是荀子说的"论德使能而官施之"的"政令制度"。它一方面"断长续短，损有余，益不足"（《礼论》），和"虽王公士大夫之子孙也，不能属于礼义，则归之庶人"（《王制》），反映了地主阶级打击奴隶主旧贵族，要求进行财产和权力再分配的愿望；另一方面提倡"农分田而耕"，要求建立新的封建压迫和剥削的制度。因此，从"礼"的作用来看，荀子的"礼"和法家的"法"一样，是用来打击奴隶主贵族的。他反对奴隶社会的"礼治"，说："以族论罪，以世举贤，虽欲无乱，得乎哉。"（《君子》）他提出了取人要有道，用人要有法，而且要"稽之以成"，"校之以功"，统治者"无私人以官职事业"（《君道》）。荀子的礼，"无功不赏，无罪不罚"，实际上是法。他有时说"礼义者，治之始也"（《王制》），有时又说："法者，治之端也"（《君道》）。在荀子这里，礼也好，法也好，都反映了新兴地主阶级统治的要求，而不是维护奴隶制的儒家的"礼"。

孔子"祖述尧舜"，孟子"言必称尧舜"，他们都主张"法先王"，要复古。荀子虽也谈尧舜，称周道，却主张"法后王"，重当世。荀子说："圣王有百，吾孰法焉？"他的结论是"后王是也"（《非相》）。杨倞注："后王，近时之王也。"又"后王，当今之王"。杨说是有道理的。

荀子认为"法先王"是"呼先王以欺愚者"（《儒效》）。他立足于今而论古，主张由今而认识古，他说："欲观千岁，则数今日，……欲知周道，则审其人所贵君子。"是"以近知远"，主张从今日的后王而论知古，他还打了个比方说："舍后王而道上古，譬之是犹舍己之君而事人之君也。"（《非相》）荀子并不讳言"古"，但他认为"善言古者必有节于今"，"凡论者，贵其有辨合，有符验"（《性恶》）。这就是说善言古的一定要证验于今，凡是一种言论，要看它是否符合于客观实际，在实践中是否行得通。他当时到秦国去，看到秦国塞险地形好，物产丰富，说是"形胜也"；他看到百姓俭朴，服装不奇异轻薄，社会风俗好，说是"古之民也"。他还赞美秦国的朝廷和官吏，说是"古之朝"、"古之吏"也。总之，当时地主阶级当权的秦国，法家所实行的一套，荀子都说是合乎"古之"道，这不正是"审后王之道，而论于百王之前"吗？实际上，他是请出古代的亡灵来为新兴的地主阶级助威。他称颂秦国治国有道，"守至约而详，事至佚而功"，是人主治国的榜样，可以"一天下，名配尧禹"（《王霸》）。总之，在荀子的心目中，当时之秦是"治之至也"，即"后王是也"。

荀子尖锐地批判了把奴隶制理想化、妄图复辟的孟子，歌颂了地主阶级"法治"的现实。儒家叛逆者的反戈一击，说明搞复辟活动的儒家已处于穷途末路、分崩离析的境地。历史的车轮不可阻挡，要倒退到奴隶制社会中去是不可能的。荀子站在法家一边，为建立统一的封建政权做出过贡献。但是，在长期的封建社会中，崇孟贬荀，孟子被捧为"亚圣"进了孔庙，而荀子却遭到了历代的儒家卫道士的攻击。说怪也不怪，这种历史的颠倒，正反映了地主阶级历史地位的转化。荀子的朴素唯物主义思想，是地主阶级新兴上升时期的武器。地主阶级在向奴隶制及其残余的没落贵族斗争中，需要这个进步的思想武器。当奴隶制复辟的严重危险已成过去，封建统治的主要危险来自农民阶级的反抗，地主阶级逐步走向它的反面，不再是进步阶级了，曾经起过进步作用的荀子的唯物主义哲学，不再适合地主阶级的政治需要，而儒家孟子的唯心主义哲学，却同日趋没落的地主阶级思想路线相一致，地位被越抬越高，成了封建统治阶级对劳动人民进行思想统治的一个有力工具。今天，从社会历史发展的观点来看，我们当然应当肯定进步、否定落后，承认法家在历史上曾经起过一定的进步作用。而历史上的崇孟贬荀，则是尊儒反法的表现，其实质是守旧和革新、复辟和反复辟的斗争的继续。

说明：本文刊载于 1973 年 10 月第 2 期《学习与批判》。

荀况的"人定胜天"思想

荀子（约公元前 313 到前 238 年）名况，当时人们称他荀卿，战国末期法家的杰出代表李斯、韩非都是他的学生。荀况亲自到地主阶级掌权的、推行法家主张比较彻底的秦国进行了调查研究，大肆肯定和歌颂了新兴地主阶级的"法治"是"治之至也"，并从理论上进行了总结，在哲学上、政治上对以孔孟为代表的儒家学说进行了尖锐的批判。

本文重点介绍一下荀况的"人定胜天"思想，以及他是如何批判儒家的"天命论"的。

"天"这个概念，在奴隶主阶级的思想家那里被搞得神乎其神。他们为了维护世袭的奴隶制，把人间的力量采取了超人间的力量的形式，虚构了一个宇宙和社会的主宰——"天"，即上帝。他们利用当时人们在自然界认识上的局限性，给"天"以种种荒谬的解释，宣扬唯心主义的"知天"的认识路线。孔老二自称"五十而知天命"，为反动的天人合一思想起了奠基的作用。他的孙子孔伋进一步提出"思知人，不可以不知天"的命题，鼓吹天人合一思想。孟轲和孔伋一和一唱，强调"尽心"、"知性"则"知天"。荀况针对这种"知天"的议论，提出"善言天者必有征于人"（《性恶》）；对于天地万物，人们应当"善用其材"。这是一条唯物主义的认识路线。荀况认为天就是自然界，就是日月星辰、四时阴阳、风雨万物等自然变化的现象。自然界的万事万物，就是天地阴阳变化的结果。他说："天地合而万物生，阴阳接而变化起。"(《礼论》) 这种生成变化是自然的职能，"不为而成，不求而得"(《天论》)，是无意识、无目的的。自然界运行变化是有一定的规律，它是不以人们的意志为转移的。他说："天行有常，不为尧存，不为桀亡。"(《天论》) 又说："天不为人之恶寒也，辍（废止）冬；地不为人之恶辽远也，辍广。"(《天论》) 批判了孔老二的"天命"和孟轲认为一切都是"天与之"的君权天授思想。

荀况认为人也是自然的产物。由于自然的职能和功效，有了人的形体，"形具而神生"，人的形体具备了，精神也随之产生，认为形体是第一性的，精神是第二性的。人也是自然界的一部分，但人和自然界其他物类不同。他说："人有气有生有知，亦且有义，故最为天下贵也。"(《王制》) 其他物类最多是有知，而人有生命，有知觉，而且有伦理道德（义）和有社会组织（群），和禽兽不同。荀况认为人能够有"群"，所以才"多力则强，强则胜物"，如人的气力不如牛、走路不如马，但牛马为人所用。他提出"明于天人之分"的唯物主义命题，把天和人分别开来，也就把自然界和人类社会区别开来。他一方面说明人是能"群"和有社会道德的，这只是人类所特有的，而不是普遍的自然现象；另一方面认为人有认识自然和改造自然的能力，人能利用其他物类来养自己一类，即"裁非其类以养其类"，人能利用天地而役使万物，即人有"天地官而万物役"的能动作用，人的"养"是自己用"力"争取来的，不是出于天的恩赐，从而提出了"制天命而用之"的"人定胜天"的思想。这对孔老二和孟轲的"天命论"，以及道家那种驯顺自然、消极无为的"安之若命"的宿命思想，都是一个批判。荀况的"人定胜天"思想，反映了新兴地主阶级在上升时期的生气勃勃的革命精神，以及要冲决一切迷信的战斗气概。

荀况说，社会的治乱，"非天也"。在混乱时期的人们和在太平时期的人们所遇到的天时都是一样，"受时与治世同，而殃祸与治世异"(《天论》)，人事的吉凶是由人造成的，与天没有关系，自然界发生的一些少见的怪异现象，"畏之非也"。他认为倒是人为的灾祸即"人妖"是最可怕的，揭露了奴隶制的腐朽没落和奴隶主利用人们还没有认识的怪异现象进行的欺骗。虽然荀况不懂得天灾和人妖的社会根源，但他提出加强农业生产和节省费用，"强本而节用"，天就不能使之贫，如果相反，"本荒而用侈，则天不能使之富"（《天论》），批判了孔老二"死生有命，富贵在天"的反动思想。

荀况在认识论上，反对孔孟所宣扬的唯心论的先验论。他认为人有天然生成的感觉器官（天官）和思维器官"心、天君"，人有认识事物的能力，客观事物"可以知"。感觉器官有接受外界刺激的本能，它们之间的功能不能互相调换，而认识是通过感觉："缘耳"可以知声，"缘目"可以知形；思维器官有把感官得来的认识，进行辨别、取舍的作用，即"心有征知"。思维器官必须有待于感觉器官去和认识对象接触，理性认识即"征知"是以感性认识为基础的。荀况在知识的来源这个根本问题上，是唯物主义的。他认为人的知识和才能来源于对客观事物的认识。人的认识能力与客观事物相接触，并符合客观事物（知有所合），叫作"智"，即知识；人的能动作用作用于客观事物，并符合客观事物（能有所合），叫作"能"，即才能。他还提出行高于知（知之不若行之）的见解。当然荀况讲的"行"，不是我们所说的社会实践，而只是个人的行为，但他提出行在认识中的作用，就反对了孔孟所谓的"生而知之"和道家的"不行而知"的谬论。

荀况在反对孔孟的"天命论"基础上，进而批判奴隶主贵族的天生圣人的性善论，他认为礼义道德品质是后天人为的，说人们可学而能、可事而成是"伪"。他认为圣人的性"同于众"，更不是什么天生的。应当指出，荀况主张性恶论，是歪曲了人的社会本质，陷入了历史唯心论。因为人的本质并不是单个人所固有的抽象的东西，而是一切社会关系的总和，人的本质是阶级性。"在阶级社会里就是只有带着阶级性的人性，而没有什么超阶级的人性。"但荀况在反对孔孟的人性论时，其意义在于强调，不管贤愚，本性一样，"尧舜之与桀跖，其性一也；君子之与小人，其性一也"(《性恶》)。人的品德是后天的，圣人也是学习而成。否定了奴隶主是天生的"圣人"，是当然的统治者，为鼓舞新兴地主阶级登上历史舞台提出了理论上的根据。

荀况的性恶论，是为地主阶级的社会政治主张服务的。他认为人性恶，就可以为地主阶级的法治找到根据。荀况说："人生而有欲"，有欲必有追求，如果"求而无度量分界"，就会争，如果顺着人性而不加限制，就会引起社会秩序的混乱，所以要用"法治"、"重刑"加以禁治，使天下皆"出于治，合于善"(《性恶》)。荀况还反对儒家"礼治"的复古主张，认为"法先王"是"呼先王以欺愚者"。他提倡"法后王"，从当时的社会发展情势出发，这种思想是进步的。

说明：本文刊载于 1974 年 3 月 25 日《文汇报》。

《老子》是一部兵书

一九七三年，从湖南长沙马王堆三号汉墓中出土了一批历史价值颇高的古代帛书，其中有《老子》甲、乙两种。

《老子》这部书，是春秋战国时期道家的代表作，分"德"经、"道"经两部分。汉朝以来流传的各种版本，都把"道"经作为上篇，"德"经作为下篇，所以通常又称《老子》为《道德经》。而这次马王堆三号汉墓出土的两种《老子》帛书，却都是"德"经在前，"道"经在后，证明了《道德经》应称作《德道经》。这一考古发现的价值，不仅为恢复《老子》一书的本来面目提供了新的珍贵材料，而且对我们深入研究《老子》的思想内容给了多方面的启发。

《老子》作为春秋战国社会大变动时期一种思潮的反映，不是出自一人一时之笔，它的成书有一个过程。这一成书过程，同当时的社会变动和社会思潮的发展过程是一致的。只要我们对《老子》一书中的"德"经、"道"经的具体内容和全书的思想体系作一番认真的分析，就可以发现：从"德"经的产生到"德"经往"道"经的发展，恰好从一个侧面反映了春秋战国时期社会变动和社会思潮的发展过程。

《老子》究竟是一部什么样的书？这历来是有争论的。唐朝有个叫王真的，认为"五千之言"的《老子》，"未尝有一章不属意于兵也"（《道德经论兵要义述》）。明清之际的王夫之，在谈到《老子》一书历史地位的时候，也特别强调了它尤为"言兵者师之"（《宋论》）。

近代的章太炎，也认为《老子》五千言是"约《金版》、《六韬》之旨"（《訄书·儒道》），强调它概括了古代兵书的要旨。从唐朝的王真到明朝末年的王夫之，一直到资产阶级革命家章太炎，都把《老子》看作是一部兵书，这绝不是偶然的巧合。《老子》一书共八十一章，直接谈兵的有十几章，哲理喻兵的有近二十章，其他各章也都贯串了对军事战略战术思想的发挥。这样看来，说《老子》是一部兵书，这是很中肯的精辟见解。王真在《道德经论兵要义述》中说，《老子》是"数十章之后，方始正言其兵"，这话说得也不错。王真所据的《老子》是"道"经在前、"德"经在后的流行本，因此这里的所谓"数十章之后"，显然指的是"德"经。他认为"德"经"正言其兵"，即是说《老子》论兵，主要在"德"经部分。事实上，战国末期新兴地主阶级的思想家韩非，在研究对没落奴隶主贵族斗争的战略策略时，是特别重视《老子》的"德"经部分的。他专门写了《解老》、《喻老》两篇哲学论文，对《老子》的理论进行了批判和改造。他在解释和喻说《老子》的时候，从中重点选取了二十四章，其中除了六章属于"道"经部分以外，十八章都属于"德"经部分。在排列的次序上，也是"德"经在前，"道"经在后。

《老子》论兵的精髓在"德"经，而"德"经是《老子》一书的上篇，这就深刻反映了《老子》和古代兵法的联系。春秋末期孙武的《孙子兵法》，是我国最早的一部兵书，它是春秋时期战争经验的总结，专门讲军事战略战术，对战争规律以及如何运用这些规律指挥作战有不少精辟的见解，但它比较偏重于战术。《老子》的"德"经讲兵，但它不像《孙子兵法》那样地用相当多的篇幅去研讨战术，而是偏重于讲战略，把用兵之道上升到政治斗争的战略和策略思想，因而也就较《孙子兵法》更具有普遍意义。这比《孙子兵法》前进了一步。"道"经作为《老子》的下篇，把军事、政治斗争的规律通通囊括进一个虚无缥缈的"道"里面，尽管其中具有不少朴素的辩证法因素，在认识论上具有一定的价值，但从本体论上来看，实际上已陷入了客观唯心主义的泥坑。纵观从"兵法"到"德"经、又从"德"经到"道"经的过程，我们可以清楚地看到，古代军事战争实战的发展是怎样推动着古代军事思想、政治策略思想的发展，而在由个别到一般、由具体到抽象的理论概括过程中，又是怎样受着世界观的支配和怎样地打上阶级的烙印的。

《老子》这部兵书，是春秋战国社会大变动的产物。列宁说过："历史告诫我们，任何一个重大问题，任何一次革命，都只能用一系列的战争来解决。"我国奴隶制向封建制的转化，就是通过春秋战国时期绵延数百年的一系列战争来解决的。特别是在战国年代的战争，较之春秋时期不仅更加激烈和频繁，而且在规模上也要大得多。当时出现了所谓"万乘之国"，每战往往"能具数十万之兵，旷日持久数岁"（《战国策·赵策二》），反映了争夺的激烈和反复。春秋时吴攻楚国，长驱直入楚都郢，前后不过十天左右；战国时齐联韩、魏以二十万之众攻楚，"五年乃罢"（《战国策·赵策三》），可见战国时期的战争比起春秋时期有很大的发展。随着战争的发展，兵器的改进，进攻和防御手段的进步，战争的形式更加错综复杂了。战争的指挥已成为一种独立的艺术，而战略问题尤居于突出的重要地位。孙武曾说过："兵者，国之大事，死生之地，存亡之道，不可不察也。"（《孙子兵法·计篇》）这反映了当时人们对战争问题的重视。研究战争，主要是研究战争的规律。而人们对战争规律的认识，也如同对其他事物规律的认识一样，要有一个过程。只有当战争的实践丰富了，各种形式的战争反复出现了，战争过程中的各种矛盾日益暴露了，人们对战争规律的认识才可能达到较高一级的程度。成书于战国时期的《老子》，正是这一战火不息的时代的产物。它不但反映了当时师旅数发，战马不足，母马入阵，"戎马生于郊"的战争实况，描绘了"师之所处，荆棘生焉；大军之后，必有凶年"（《三十章》）的战乱图景，而且尤其重要的是，"历记成败存亡祸福古今之道"（《汉书·艺文志》），从战争的胜败引起的国家盛衰兴亡和阶级升沉浮降中总结了规律性的认识。因此，《老子》不是一般军事家的军事著作，而是哲学家论兵的军事哲学著作。

"柔弱胜刚强"，是《老子》一书提出的战略思想的基本点。这种以弱胜强的思想，是对"高岸为谷，深谷为陵"的社会大变动的一个概括。在历史舞台上，原来是庞然大物的周王朝，被一个从土地不足五十里的西方小国所发展起来的秦国所灭；春秋时的吴国本来是所谓"文身断发"的"夷蛮"之国，到吴王阖闾时用孙武、伍子胥之谋而"西破强楚，北威齐、晋，南服越人"（《史记·伍子胥列传》），成了"显名诸侯"的强国。在王夫之称为"古今一大变革之会"的战国时期，"邦无定交，士无定主"（顾炎武：《日知录》卷十三），各个大国都想统一全中国，但又谁也一下子没有这个力量，形成各不相下的相持局面。在当时的频繁战争中，强者败北、以弱胜强的战例是屡见不鲜的。《孙子（武）兵法》就说过"弱生于强"。而《老子》则又进了一步，它从矛盾的对立和联系，辩证地讲强和弱的转化，认为"弱之胜强，柔之胜刚"是"天下莫不知"的普遍真理（《七十八章》）。

《老子》很喜欢用"水"来说明"柔弱胜刚强"的战略思想。"天下莫柔弱于水，而攻坚强者莫之能胜"（《七十八章》），水是天下最柔弱的东西了，也是天下最能攻坚摧强的东西，没有什么东西能敌得过水。由此可见，"天下之至柔，驰骋天下之至坚"（《四十三章》），柔弱的东西能够控制最坚强的东西。古代兵家以水喻兵也是常见的。孙武说："兵形象水。"孙膑也说：打仗和行水一样，要"得其理"，而不可"逆"。因为水之形是避高而趋下，遇到顽石它就转了弯，仍然要无可阻挡地向低处流。兵家以水喻兵的意思是，水是因地而制流，用兵也要因敌而制胜，强调作战要像水一样因敌变化，避实而击虚。在避实的时候看起来是柔弱，击虚的时候就十分刚强。所以兵法上讲兵没有固定的阵势，水没有固定的形体，"能因敌变化而取胜"者，可谓用兵如神。《老子》以水喻兵，一方面是概括了兵家从实践中发展起来的理论，另一方面进一步说明了"强大处下"、"柔弱处上"的政治斗争原则，从哲学上阐明了柔弱战胜刚强必须具备的条件和可能性。

从以弱胜强的战略原则出发，《老子》提出了一套克敌制胜的战术。它认为："将欲弱之，必固强之；将欲废之，必固兴之；将欲夺之，必固与之。"（《三十六章》）就是说，对敌人如果将要削弱它，先暂时使它强大；将要毁灭它，必先暂时使它兴起；将要夺取它，必先暂时使它有所得益。这种先让一步、后发制人的策略，是因为弱者总是处于防御地位，为了保存军力，并迫使敌人从暂时的有利走向最终的失利，就需要后退　步，造成敌人的被动局面，寻找敌人的可乘之隙，从而待机破敌。这一策略思想的产生，来自当时的战争实践。春秋时晋、楚两国的城濮之战，就是这样一个有名的战例。战争开始时，楚军占优势。晋国根据敌强我弱的形势，"退避三舍"，让出九十里地盘，从而避开了楚军的锋芒。然后乘敌气浮心骄的时刻，选择楚军力量薄弱的左右两翼，各个击破。欲取先予，这是以弱胜强的一个条件。这种做法，从表面上看来是失去了一些地方，实际上却正是为了引敌出洞，张开口袋，关门打狗，最后达到了不失一寸土地的目的。《老子》总结这种打法说："是谓微明。"韩非在《喻老》篇中说："起事于无形，而要大功于天下，是谓微明。"所谓"要大功于天下"，就是所要达到的战略目的。看上去是"无为"，实际上是"有为"，这才是《老子》"守柔曰强"的本质。

《老子》强调"以奇用兵"，把灵活地变换战术看作是达到战略目的的必不可少的条件。战争是一种奇诡的行为，必须制造种种假象迷惑敌人，攻其不备，出其不意，才能战胜敌人。《孙子兵法》说："兵者，诡道也"，兵不厌诈。《老子》强调"以奇用兵"，与兵家的观点基本一致，而对儒家的"以礼治军"以及那种蠢猪式的仁义道德则是一个深刻的批判。春秋战国时期的一系列战争证明，"以礼治军"必败，"以奇用兵"方可取胜。春秋时楚、宋泓水之战和战国时齐、魏马陵之战就是一个鲜明的对照。在泓水之战中，宋襄公扮演了蠢猪式的角色。当宋军已经列好阵势，楚军还没有渡完泓水时，这本来是以弱胜敌的极好时机。可宋襄公坚持"仁义"，认为楚军还没有渡完，不能发起攻击。等楚军渡河完毕尚未摆好阵势时，宋襄公坚持讲"仁义"，还是说不可攻击。直到楚军阵势摆好，宋襄公才击鼓以攻，结果宋军大败，宋襄公身负重伤，几乎当了俘虏。这是"以礼治军"的下场。在马陵之战中，齐国军师孙膑采取了"因其势而利导之"的办法去调动敌人。他指挥行军，在途中每天减少灶头的数目，由十万减到五万，再减到二万，造成齐军逃亡大半的假象，迷惑了魏将庞涓。当庞涓丢下魏国的主力部队，带领轻兵追赶齐军至马陵时，齐军伏兵四出，万弩竞发，一举全歼，致使魏太子申被杀，魏将庞涓被俘。这是孙膑"以奇用兵"的胜利。

《老子》一书从正反面的战争经验教训中，对"以奇用兵"的思想有深刻的发挥。它突出地表现在对"奇"和"正"的关系作出了辩证的解释，强调"正复为奇"。打仗时有时正面佯攻，吸引敌军主力，突然又以奇兵迂回，歼灭敌人，这就是所谓"以正合，以奇胜"。老子讲的"以奇用兵"和"正复为奇"，是对兵法上讲"战势不过奇正"的进一步发挥，其要点是，弱方要集中自己的兵力打强方的弱点，以自己的局部优势去胜强者局部的劣势。而这往往是一般鲁莽的军事家所办不到的。所以，《老子》提出："善为士者不武"（《六十八章》），即善于做将帅的人，是不先凌武对方，气势汹汹劈头就使出全副本领的。又说："善胜敌者不与"（同上），聪明的军事指挥员总是先退让一步，不计硬拼，而以出奇制胜。在《老子》的作者看来，打仗不但斗力，而且斗智，因而要"大智若愚"。打仗行军，要做到"善行者无辙迹"（《二十七章》），不使敌人看出你的行迹，要"行无行"。拿着兵器要像没有拿兵器一样，要"执无兵"。至于恃骄轻敌，则是用兵者的大忌。在《老子》中，就明确指出："祸莫大于轻敌，轻敌几丧吾宝。"（《六十九章》）这是指如果轻敌，就必定会丧失自己的生命。《老子》把这一套隐蔽自己、保存实力、后发制人的战术原则归结为"道隐"的思想，这和《孙子（武）兵法》说的"能而示之不能，用而示之不用"有异曲同工之妙。

《老子》一书中提出的以弱胜强的战略思想，在一定程度上揭示了战争规律本身的辩证法。但是，《老子》比起一般的兵法来，有它自己独特的地方。它已经超过了军事斗争这一具体领域，在更广阔的范围内猜测到自然界和人类社会的矛盾运动的联系。《老子》比较系统地揭示了事物的存在都是相互依存的，如美丑、高下、大小、难易、长短、有无、损益、刚柔、强弱、祸福、荣辱、生死、胜败、进退等，都是对立统一的。它还指出了事物发展到了顶点就要走向反面的转化思想。毛主席在谈到矛盾的转化时说过："在一定的条件下，坏的东西可以引出好的结果，好的东西也可以引出坏的结果。老子在二千多年以前就说过：'祸兮福所倚，福兮祸所伏。'"这是对《老子》一书中的朴素辩证法思想的高度评价。但是，《老子》的作者是没落的奴隶主阶级的下层政治代表，是没落的"柔弱"者。他虽然从社会大变动中总结出了"柔弱胜刚强"的战略思想，妄图按照这一战略思想原则改变自己柔弱的社会地位，但实际上这一战略思想对他所代表的没落阶级是一点用处也没有的。只有进步的阶级，由于符合历史发展的方向，才能以弱胜强，战胜一切貌似强大的反动的庞然大物。

比如在对战争性质的认识上，"道"经中就有这样的话："以道佐人主者，不以兵强天下"（《三十章》），"兵者不祥之器，非君子之器"。（《三十一章》）像这样不分战争的正义性与非正义性，把战争统统说成是"不祥"的东西，是《老子》一书局限性的表现。列宁说过："战争虽然会引起种种灾祸和苦难，但它也会带来相当大的好处：它无情地暴露、揭穿和破坏人类制度中许多腐朽、衰颓和垂死的东西。"《老子》只看到战争的"其事好还"，把它说成是"不祥之器"，主张回到"虽有甲兵，无所陈之"的小国寡民的社会中去。这是一种倒退的主张，是消极的保守的。在战火纷飞的战国年代产生这种害怕战争的思想，反映了道家所代表的阶级特征。在战国，新兴地主阶级正在崛起，在政治舞台上欣欣向荣，声势日盛。整个奴隶主阶级衰落了，而道家所代表的奴隶主下层更是弱中之弱，它对社会大变动深入发展所必然产生的战争充满了无穷的忧虑，它日夜担心着战争给自己的阶级带来的可悲命运，怕在战乱的旋涡中彻底完蛋。

法家作为新兴地主阶级的政治代表就完全不同。孙膑认为，用"仁义""礼乐"等"以禁争夺"是"不可得"，主张"战胜而强"，用革命的暴力解决问题；商鞅也认为"以战去战，虽战可也"（《商君书·画策》）；韩非更明确地提出了"当今争于气力"的战斗口号（《韩非子·五蠹》），主张奖励耕战之士。法家对战争的积极态度，反映了新兴地主阶级对统一天下的封建事业的胜利前景充满了信心。拿法家和道家一比，两者对战争的看法抱的是两种截然不同的对立态度。

《老子》这部兵书，同其他兵家的兵书在认识路线上也不一样。《孙子兵法》和《孙膑兵法》都是以朴素唯物论的观点来总结战争经验的，讲的是唯物论的"用兵之道"，始终没有离开战争这一具体领域，停留在战争规律的认识范围内，停留在军事辩证法的范围内。《老子》着重于战略思想的探讨和研究，从用兵之道引申出一般思想规律和事物发展、变化的规律，这是它较《孙子兵法》和《孙膑兵法》高明的地方。但是，这种丰富的朴素辩证法思想最终却被客观唯心主义的体系所窒息了，这是它比孙武、孙膑等兵家要退步的地方。从"兵法"到"德"经，再从"德"经到"道"经，可以看出由于《老子》一书作者的阶级性的限制，在认识论上是怎样一步步地陷进客观唯心主义的泥坑中去的。这就给我们一个启示："德"经和"道"经，很可能不是同出于一人，甚至也可能不是同一批人的作品。我们在批判地继承《老子》这份历史遗产的时候，要特别重视"德"经的研究。

《老子》从社会变乱中总结出来的一套战略战术，是精华和糟粕互见的。从《老子》出发，可以向两个截然相反的方向发展，不同的阶级，或者是同一阶级中不同集团的思想家，都可以根据自己的需要，对《老子》一书通过改造而利用它，分别做出很不相同的解释。

我国历史上的一些进步思想家、政治家，都注意从《老子》一书中吸取有益的思想养料。早在战国末期的韩非，为了发挥新兴地主阶级"能御万物"、"战易胜敌"的战斗精神，就特别重视研究《老子》，写下了《解老》、《喻老》这两篇战斗的哲学论文。在汉初，汉文帝、晁错等法家代表人物为了巩固地主阶级的胜利成果，披上了"黄老"的外衣，搞道表法里的"无为而无不为"的政治。到宋代，地主阶级的改革家王安石作《道德经集义》，据王夫之的《宋论》称，王安石特别赞扬了《老子》的战略思想是"奇策"。至于王夫之本人，则撰作了《老子衍》一书，借以发挥自己的唯物主义思想和进步政治观点。

我国历史上的一些反动思想家、政治家，同样注意研究《老子》。与韩非同时的吕不韦，就从"老耽（聃）贵柔"中汲取玩弄权术的伸屈之道（《吕氏春秋·不二篇》）。资产阶级革命家章太炎曾指出：《老子》一书"以为后世阴谋者法"（《訄书·儒道》），最先是从吕不韦这一类儒家政治骗子开始的。

《老子》书中有句名言："知人者智，自知者明。"（《三十三章》）指挥战争是这样，推广到认识论领域也是这样。人们认识世界，总是包括"知人"和"知己"两个方面。但是，《老子》的作者虽然从分析当时的社会矛盾出发，对政治斗争和军事斗争的战略策略发表了不少有价值的见解。但他毕竟是剥削阶级的思想家，要真正认识人类社会和自己所属的阶级，又谈何容易！《老子》还说过："胜人者有力，自胜者强。"（同上）这是至今还用得着的真理。所谓"自胜"，就是克服自己的弱点、缺点和错误，能做到这点的人，是强大有力的。《老子》作者的这句话说得很对，但他自己却无法战胜剥削阶级的偏见。这就是历史的辩证法。

无产阶级不同于以往的任何一个剥削阶级，它能够彻底掌握自己的命运。在马克思主义、列宁主义、毛泽东思想指导下的广大人民群众，完全能够科学地认识人类和历史发展的规律，正确地认识战争和战争规律，并正确地对历史上出现过的各种学派和思潮作出恰当的评价。我国古代军事思想是一个丰富的宝库，伟大领袖毛主席在他的许多光辉的军事著作中对此曾做了精湛的研究和分析。今天，我们在学习毛主席军事著作的时候，用马克思主义的立场、观点和方法，从巩固无产阶级专政出发，去总结我国古代的军事思想，这必将推动我们去更好地研究军事上两种思想和两条路线的斗争，进一步批判林彪的资产阶级军事路线，把批林批孔运动不断深入地推向前进。

说明：本文是奉命写作。当第一人写稿被否定后，我才受命写作。1961 年师从王蘧常教授，老师给我讲授《老子》五十七章"以正治国，以奇用兵"时说，奇和正是相对的，奇就是谲诈，即兵法上的兵不厌诈。唐王真道德经论兵要议四卷（当时听课笔记如是），后检《道藏》为《道德经论兵要义述》。由此研读《老子》，也注意兵事。由于《老子思想三论》受到批评，所以在受命写"《老子》是一部兵书"时，就努力和毛主席思想保持一致，作了"客观唯心主义"处理。既然《老子》是部兵书，又说它是唯心主义，那么打起仗来就会碰得头破血流，以这样的思想一直敲打着自己。此文被署名翟青，刊载于 1974 年第 10 期"学习与批刊"。

评《水浒》投降主义路线的理论基础

一百二十回的《水浒》前面有个"引首"，引了宋神宗时的一个名儒邵康节的八句诗，作为全书的楔子，展开了《水浒》故事。邵康节，即邵雍，北宋理学的创始人之一，王安石变法的顽固反对者。《水浒》通过这样一个反动人物的嘴，宣扬"细推治乱兴亡数，尽属阴阳造化功"的神秘主义先天"数定"论，鼓吹由兴到衰、由治而乱、今不如昔、一代不如一代的退化历史观，妄图诱惑人们膜拜过去、不向未来、只要守旧、反对革命。从《水浒》的"引首"，我就联想到《大宋宣和遗事》这本书。它在开头也鼓吹"看破治乱两途，不出阴阳一理"的天道循环，当叙述历史退化时，也是用邵康节的八句诗为引子，引出了梁山泊聚义，宋江等三十六人投降，征方腊有功，封为节度使等情节，勾出了《水浒》的轮廓。鲁迅在讲到《水浒》时说，《宣和遗事》"前集中之梁山泺聚义始末，或亦为当时所传写者之一种"。我们从《水浒》最早的一种蓝本《宣和遗事》，可以看出《水浒》是在反动理学指导下写成的文学作品，是尊儒反法思想的产物。

《宣和遗事》在叙述宋朝由兴而衰、由治而乱的过程中，讲到邵康节在洛阳天津桥上，忽听得杜鹃声，胡诌了一通。不过两年，朝廷任用"南人为相"，"天下自此多事矣"的谣言，攻击王安石及其变法革新，而对保守派司马光的上台却大肆吹捧，说什么"元祐年间，天下太平"。到宋徽宗时，再行新法，把这太平的气象，又变做了乱世。这时朝廷所用的大臣，正是王安石当时引用的阉党蔡京等人，他们陷害忠良，奸佞变诈，欺君虐民，而梁山泊的故事由此发生。把宋朝的失败，国家丧亡，归咎于王安石的变法，说"祸根起于王安石"，尊儒反法的倾向十分鲜明。

从《宣和遗事》到《水浒》的形成过程，伴随着尊儒反法的过程。宋明时期的反动理学家们，都妄图把北宋王朝的灭亡归罪于王安石的变法。北宋末年，二程的弟子杨时攻击王安石变法说："今日之事，虽成于蔡京，实酿于安石。"程门弟子编辑《二程遗书》，"无非诋毁安石之学"。南宋时，反动理学的集大成者朱熹，把以前攻击王安石的反动言论收集起来，编了一部《三朝名臣言行录》，流毒极深，正如《王荆公年谱考略》指出，使王安石受诽谤于后世，"尤莫甚于言行录"。从南宋到元的二百余年中，尊儒反法的"见闻录"、"纪闻"、"笔录"等等，纷纷出笼，"己不胜其繁"，元明时期，也不逊色。总之，他们认为罪虽成于蔡京等人，但王安石变法是罪魁祸首，"宋之亡由安石"。《水浒》的成书过程，也是宋明理学形成和发展的过程。

一定的文化是一定社会的政治和经济在观念形态上的反映。《水浒》的产生，除了同这种尊儒反法的思潮有关系外，我们还可以从陆友的题《宋江三十六画赞》中，看出统治阶级宣扬投降主义路线的需要。元朝中叶，理学家陆友曾乘船经过梁山泊，当他听说这是"石碣村"的时候，他说"至今闻之犹褫魄"。他认为由于王安石变法，"不恤人言"，进用了蔡京等人，于是坏了赵宋王朝的统治，因此又是"睦州盗起"，又是"京东宋江三十六，白日横行大河北"。他不但把宋朝的灭亡归罪于王安石变法，而且诬蔑农民起义是由于变法的结果。他特别欣赏宋江的投降和征方腊，"悬赏招之使擒贼，后来报国收战功"。地主阶级对农民革命的恐惧，诱降农民革命队伍中的投降派，以达到消灭农民革命的目的，是宋明时期阶级斗争的一个重要特点。南宋时期就出现了有关"赴官出首，自表本心"的叛徒可以升官发财的官方赏格，出现了赞赏或宣扬投降主义的文学作品。梁山泊故事在当时成为"街谈巷语"，而"士大夫亦不见黜"，这就是重要的原因。在封建社会里,《水浒》是被"世人视若官书"的。

《水浒》是以反动理学构成的文学作品,一部《水浒》从洪太尉误走妖魔开始,到蓼儿洼内聚神蛟结束,说的就是"存天理,灭人欲"。

《水浒》第一回,伏魔之殿,一道黑气,从万丈深穴滚将起来,直冲天空,化作百十道金光,往四面八方散去。这是天地之意,物理数定,一百零八个魔君合当出世。理学认为人之所以生,"理与气合而已"。天地之意和那道黑气杂合,就成了物理定数的一百零八个具体的人。在他们得之于天理的时候,由于受到禀气不同的影响,各人的魔心各各不同。就好像"月印万川"那样,有水的地方,就印有一个月亮,由于水有清有浊,水中的月亮也有明有暗。要使月亮显现清明,就必须去掉浊水中杂有的泥沙。《水浒》中由魔君而成正果的"去邪归正"过程,就是理学灭人欲、存天理过程的艺术描绘。

仁义礼智信皆备的宋江,是天理的化身;杀人放火恣意行凶的李逵,则是人欲的典型。梁山上存天理、灭人欲的过程,就是以宋江为代表的天理,战胜以李逵为代表的人欲的过程。

宋江一出场,头上戴着"孝义"的桂冠。"孝"是地主阶级最基本的道德,是封建宗法统治的基础。理学家的祖师爷孔丘就说:"君子务本,本立而道生,孝悌也者,其为仁之本与"(《论语·学而》)。因此地主阶级把孝看成是天经地义,百行之首,是"德之本也"。其实这是儒家的虚伪道德说教,是为了沽名嗜利。口口声声百行孝为先的朱熹,他自己吃甲于闽中的建宁白米饭,却虐待老母,给她吃发了霉的仓米。鲁迅指出:"拼命地劝孝,也足见事实上孝子的缺少。而其原因,便全在一意提倡虚伪道德。"

《水浒》为了描绘宋江的孝敬,还特地交代了宋江"教爹娘告了忤逆",以不孝之子的"罪名",搞了一个假分家的情节,深化他恐连累父母的孝心。告了忤逆,是为了宣明孝道。突出宋江的孝,是要强调宋江的忠。地主阶级认为忠孝是一体,"以孝事君则忠",孝的扩大就是忠，只有能做到不违父教，才能做到君叫臣死，臣不敢不死。在封建社会，有所谓"求忠臣于孝子之门"，忠孝是封建宗法统治链条上的两个环节。

"为人当以孝为先，定省应须效圣贤。一念不差方合义，寸心无愧可通天"。这四句诗是描写宋江孝能通神的。宋江于家大孝，是个地主阶级的孝子贤孙，封建官府的一个爪牙。"须知守法清名高，莫谓通情义气高"，宋江为了知己交情，空持刀笔，放走了晁盖等人。他"一时乘兴"跟上梁山，酒后狂言，想名想利，也有人欲占上风的时候。"遭逢坑坷皆天数"，天老爷要给他一些"磨难"。只是由于宋江禀的是"秀气"，他能自觉地灭人欲，存天理。理学不是宣扬什么"敬胜百邪"吗？《水浒》通过不少情节，来刻画宋江以"敬"胜"邪"的功夫。宋江投奔到清风寨，险些死无葬身之地，后被清风山农民起义军救出，他"一时乘兴"跟随上了梁山，当在途中接到谎称父亲去世的家书时，便捶胸自骂"不孝之子"，奔丧之急，度日如年，死去活来地做作，就连夜跑了。"一时乘兴"是人欲，而这一跑，是"敬"战胜了"邪"，灭了人欲，存了天理。否则，就要落入梁山泊这个不忠不孝之地。此后就不同了，他吃了官司，觉得倒是有"幸"，可免于被打在不忠不孝的"网里"。在刺配江州的途中，被劫上了梁山，那就更"自觉"了，对国家法度的刑枷，不敢擅动，对父亲的明明训教牢记心中，晁盖、吴用要他上梁山，他宁死不从，说这是"上逆天理，下违父教"，是不忠不孝之人的勾当，这又是"敬"战胜了"邪"。朱熹说："敬字工夫，乃圣门第一义。"①"敬"是地主阶级要人们规行矩步地维护封建统治秩序，不得有半点疑虑和动摇，它是封建统治的重要保证。

《水浒》描写宋江的孝是"一念不差"，因为"合义"，就通天了。

---

① 黎靖德编：《朱子语类》卷十二，王星贤点校，北京：中华书局，1986 年，第 210 页。

九天玄女娘娘指出他"魔心未断，道行未完"，要他"去邪归正"，"替天行道"，"全忠仗义"，切不可懈怠。这里的"魔心"是在"道行未完"基础上的人欲，即身在梁山，还没有完全心在朝廷，把梁山农民起义军带向投降。只要去掉这个"邪"，变成封建朝廷的忠义军，就归了"正"。难怪宋江在菊花会上说他主张招安，是要改邪归正，别无他意了。于是，宋江在梁山上打起只反贪官，不反皇帝，"替天行道"的白旗，要梁山众头领以"忠义自守"，对所谓忠臣烈士，孝子贤孙，义夫节妇，要"誓不损害"，把"大逆不道"的"聚义厅"改为符合天理的"忠义堂"，把反皇帝的农民起义路线，篡改为只等朝廷招安的投降主义路线，替皇帝去打别的不"存天理，灭人欲"的"魔君"。最后，天使送来药酒，宋江说赐死无辜，为"忠义"心甘情愿地咽了下去，还要拉上个李逵，灭了这个造反的人欲。肉体都能灭掉，存下的就是纯然天理了。宋江的死和《水浒》的结局，是灭尽人欲，复尽天理的一曲赞歌。

《水浒》中的李逵就不一样。他是一个贪酒好赌，满心人欲，而且"反心"一直未除的魔君，但他毕竟不是"土掘坑里钻出来的"，不过是人欲难除，天理难现罢了。

《水浒》也写李逵下山取娘，这似乎说明他还是有一点"孝"心。遇到"假李逵"李鬼时，听他说家中还有个九十岁的老母，这个杀人魔君居然也天理发现，认为他是个孝顺的人，杀了他不合天理，于是斧下留情，饶了李鬼的命。但《水浒》提醒人们，"可见世间忠孝处，事情言语贵参详"。李鬼何曾养娘，李逵只也是为人欲蒙蔽。反动理学认为，不孝固然不能成忠，但不忠也不能全孝，甚至连"孝"也算不上。孔丘说："今之孝者，是谓能养，至于犬马，皆能有养。"(《论语·为政》)因为李逵造反，要夺皇帝的位，这样不忠的人，想让母亲也"快乐几时"，就不是"孝"，只是"养"，即是为了活嘴。这样"虽日用三牲之养，犹为不孝也"。《孝经》至于为了嘴，那理学家认为就是禽兽了，因为"犬马皆能有养"；既然只是为了嘴，那么老虎吃人也是为了嘴，《水浒》写李逵的母亲被老虎吃了，也就是活该了。《水浒》中所谓"饿虎饿人皆为嘴"的诗句，是地主阶级对劳动人民的污蔑，也是对农民起义的恶毒攻击。当李逵要再造反时，宋江不是就喝道："这黑禽兽"，又来无"礼"吗？

不合"礼"的，就是"人欲"，合乎"礼"的就是天理。理学家认为"帝是理之主"，皇帝代表了上帝，当然也就是天理。存天理，就不能反皇帝，反皇帝是上逆天理，是罪恶的人欲，必须灭除。"天理人欲，不容并立"，而且"此胜则彼退，彼胜则此退，无中立不进退之理"①，只有灭尽人欲，方能复尽天理。《水浒》中正是这样，凡是造反的人欲，无非是两种结果：一种是天理感化人欲。李逵不就是在宋江软硬兼施下，最后"罢，罢，罢！"跟宋江去做"一个小鬼"，灭了肉体，存了天理，成全了宋江的天理。一种是天理杀绝人欲。晁盖"托胆称王"，来一个"归天及早"，死于毒箭。而全虎、王庆、方腊等"改年建号"，是人欲横流，悖逆天理，"神器从来不可干，僭王称号讵能安"，非杀尽灭绝不可。结果被杀得尸横遍野，血流成渠，方腊被"凌迟处死，剐了三日示众"，这些都被说成是人欲未灭的报应。《水浒》中的一首诗："宋江重赏升官日，方腊当刑受剐时。善恶到头终有报，只等来早与来迟"，就写出了存天理与灭人欲的关系，以及地主阶级善恶的根本界限。

"留与凶顽做样看"，《水浒》就是给人们提供了"存天理，灭人欲"的一个样子。它宣扬了天理与人欲的地主阶级善恶的根本界限，鼓吹了造反有罪、投降有理的投降主义路线。

按照儒家的"礼"，视听言行都要符合封建统治秩序，而《水浒》中的宋江等人，却能上梁山全忠仗义，终成正果，岂非怪事？这正是宋明理学的特点。

鲁迅说："宋代虽云崇儒，并容释道。"理学的一些创始人，都是

---

① 黎靖德编：《朱子语类》卷十三，王星贤点校，第224页。

"出入于佛老"的儒徒，他们熔儒佛道于一炉。北宋有个儒徒，后来学道，最后坐化的张伯端说："教虽分三，道乃归一。"三教归一，归于儒，是以儒为主，吸取佛道。宋明理学就是标榜"圣道"的孔孟之道，和佛教、道教的"神道"的融合。"圣道"加上"神道"，组成全部封建宗法的思想统治。封建统治者提倡和宣扬圣道和神道，并不是真的相信。正如鲁迅所说："既尊孔子，又拜活佛者，也就是恰如将他的钱试买各种股票，分存许多银行一样，其实是那一面都不相信的"，而是用来愚弄人民，征服人心，借以巩固封建统治的精神棍棒。《水浒》不但用"上界霹雳大仙下降"的神话，宣扬君权神授，而且在宋王朝"气运将颠覆"的时候，又"流光垂象"，让十应天星的人们来替天行道，保卫封建统治。对地主阶级的忠实奴才宋江，不但胡诌他是"英灵上应天星"，而且说在他降生的时候，就有"瑞云盘旋绕郓城"。宋江不但是一个"仁义礼智信皆备"的圣道维护者，而且是一个"兼受九天玄女经"的神道协助圣道的化身。凡是在宋江替天行道时遇到困难，总是"逢凶化吉天生成"，天神就出来帮忙了，而且最后成了"靖忠之庙"的神。

在中国封建社会中，凡是神都好像有些随意杀人的权柄似的，所以地主阶级特别喜欢。三国时的关羽，死后成了"关圣帝君"，它不但拖了一把青龙偃月刀显灵，而且《关圣帝君觉世真经》还要发号施令："人生在世，贵尽忠孝节义等事，方于人道无愧，可立于天地之间……若负吾教，请试吾刀。"既是纲常名教的牧师，又是执法以绳的判官。而宋江这位靖忠之庙的神不是也"累累显灵"，在封建社会后期，宣扬投降主义路线，是"千载功勋"吗？

神之所以为神，圣之所以为圣，是人们给予的，人们给予神和圣的愈多，他们自己保存的就愈少。而那些以神和圣自居，代神和圣立言的大大小小的统治者，他们在精神世界取得的特权，又回转来加强他们政治和经济上的支配力量。宋江不但用"义"控制了李逵，还要请出道教罗真人用魔术来加强控制，把李逵弄到蓟州，吃了一场苦头，回来就拜称"铁牛不敢了也"，要他"竭力扶持宋公明"，李逵也只能"敢不遵依真人言语"了。鲁迅说："道德要孔孟加上'佛家报应之说'。"宋江在梁山泊"全忠仗义"，正是用"不可逆天言"，否则天地神人共行诛戮，"万世不得人身，亿载永沉末劫"的"报应"说，来推行他的投降主义路线的。

儒、道、佛，都是地主阶级的世界观，反映了地主阶级内部不同集团的需要，是被封建统治者长期灌溉的连藤毒瓜。三教之间，诚然也有矛盾，甚至相互诋毁，但这种矛盾，只是地主阶级内部的不同集团争地位、争得失的争吵。据说过去民间曾流传一幅漫画"吃醋图"，画了一个和尚、一个道士、一个儒生，共围着一个醋缸，攒眉持杯，相互吃醋。这倒画出了这一矛盾的实质。虽然三教在不同的历史时期，地位有所不同，但作为统治人民的精神支柱，本质都是一样，经过历代理学家的改造，人人都能成佛的佛性说，成了人人都有一个天理，只要存天理，灭人欲，都可以成"圣"。这种登入彼岸世界的廉价门票，在《水浒》中，不是成了只要"去邪归正"，就都能"识性同居"，存得天理，途径可以不同，"魔君"终成"正果"。小说开头的那股"黑气"，到结尾不都居然成了"皇家瑞气"吗？

智真长老赞道："三教兴隆，四方宁静"，儒道佛在《水浒》中，携手镇压农民革命，融合得亲密无间了。这就使人想起嵩山少林寺中，保存着明朝的一块"混元三教九流图赞碑"，碑上有赞曰："佛教见性，道教保命，儒教明伦，纲常是正。……为善殊途，咸归于治……各有所施，要在圆融，一以贯之，三教一体，九流一源，百家一理，万法一门。"赞语下有一个圆的三教合体象，粗看是一个人，细看是儒、道、佛三个人。《水浒》中的三教，也是"各有所施"，它们殊途同归，使封建秩序纲常正，归于治上是统一的。而宋江这个形象，也是初看是个儒家，细看则是儒、道、佛三位一体的"天理"的化身。

《水浒》是一部形象化的反动理学的教材。它和理学是异曲而同工，都是地主阶级妄图扑灭农民革命的工具。运用小说来尊儒和宣扬投降主义路线，可谓是没落地主阶级的一大发明。由于文学的艺术形式具有特殊的感染力，就愈能毒害人民，起到理学所不能起到的特殊的反动作用。我们从理论上挖它的根源，就能更深刻地领会"《水浒》这部书，好就好在投降。做反面教材，使人民都知道投降派"。

说明：本文收于 1976 年 1 月复旦大学《水浒评论集》。

我国地震史上的两条路线斗争

最近，河北省唐山、丰南一带发生强烈地震，并波及天津、北京。在伟大领袖毛主席、党中央的亲切关怀下，在全国人民的支援下，英雄的灾区人民和人民解放军的指战员们一起英勇奋战，取得了抗震救灾的伟大胜利。随后，四川省松潘、平武一带，也发生了强烈地震，由于事先有预报并采取了防震措施，损失很小。

地震，像刮风下雨一样，是一种经常发生的自然现象。习以为常，就不会觉得奇怪。全世界每年发生大约五百万次地震，人们感觉到的只约占百分之一，能造成严重破坏的大地震更是极少。我国是一个地震较多的国家，但据统计，自公元 1303 年以来，八级以上的地震总共也只有 17 次。大地震当然会造成一定的灾害，但是，人定胜天，只要有共产党的领导，有毛主席革命路线的指引，我国人民就能够克服任何困难，战胜地震灾害，创造出人间奇迹来。

对于地震，历来存在两条不同的认识路线。一条是唯物主义的认识路线，它反映了进步阶级和政治集团的利益；一条是唯心主义的认识路线，它反映了反动阶级和政治集团的利益。古代关于地震的论争，尖锐地反映了不同阶级、不同派别的政治斗争。回顾一下我国地震史上的两条路线斗争，有助于我们在今天粉碎阶级敌人的造谣破坏，抗震救灾，夺取社会主义革命和社会主义建设的更大胜利。

我们不妨先从北宋时期的一场围绕着地震问题而展开的大争论说起。

北宋神宗熙宁元年（公元 1068 年），曾经发生过几次地震，地主阶级内部的顽固派和革新派对此展开了激烈的争论。王安石等人认为"凡百灾变，皆系时数，不由人事者"。就是说，地震是自然现象，和人的意志没有关系。他们承认自然界是独立于人的意志之外的客观存在，坚持了唯物主义的自然观。因而他们无所畏惧，敢于提出"天变不足畏"这样的战斗口号。当时顽固派的一个头目富弼在其上皇帝的奏书中，拼命攻击王安石等人把地震原因"归于时数"，他除了照例贩卖儒家老一套的所谓"凡有灾变怪异，皆由时君世主不能用贤退不肖"这种唯心主义的黑货以外，还摆出一副俨然地震专家的姿态，大发谬论。他说："夫地者至大至厚至静不可动摇之物也。"又说："地道宜静，至于动则非其常。"① 他把大地说成是"至静"的，鼓吹静是绝对的，动是反常的，赤裸裸地宣扬僵死的形而上学。然而，世界上哪里有什么"至静"的东西呢？运动是一切物质固有的属性，没有运动的物质和没有物质的运动同样是不可想象的。王安石在"尚变者天道也"② 这句话中就说出了物质是运动的、变化的这个道理。那么，为什么富弼要抓住地震问题大肆宣扬唯心主义和形而上学呢？事情很清楚，因为此人是个顽固派，他对王安石的变法恨得要命，他抓住地震大做文章，目的是要反攻倒算。他把发生地震的原因归之于宋神宗没有"用贤退不肖"，即没有重用顽固派，罢黜革新派，想吓唬宋神宗，逼他取消改革。他还叫嚷"地道宜静"，"应之亦宜以静"，用歪曲和伪造自然法则来比附人事，反对有所作为，主张一切按顽固派的老章程办事，这就叫"静"。另一个顽固派头目文彦博，也叫嚷"唯静可以应此（地震）"③。顽固派吕海说得更加露骨，扬言"如安石久居庙堂，必尢安静之理"④。由此可见，顽固派在哲学上颠倒物质与精神的关系，否认物质的运动变化，狂热鼓吹唯心主义和形而上

---

①③ 《宋会要辑稿·瑞异三》。
② 《王文公文集·河图洛书义》。
④ 《皇朝文鉴·论王安石》。

学，完全是为他们的反动政治服务的。在这里，政治斗争采取了哲学斗争的形式，通过哲学歪曲自然界的客观面貌，作为他们进行政治斗争的工具。九百多年前的这场斗争，是值得那些认为人与自然的斗争同政治斗争无关的人仔细想一想的。

北宋熙宁年间的这场斗争，不过是我国地震史上两条路线斗争的继续。翻开我国的地震史，坚持反动路线的代表最早可以追溯到孔老二。他站在没落奴隶主阶级的立场上，反对新兴地主阶级的改革，极力鼓吹"天命论"。他在修《春秋》时就把地震列为灾异之首。西汉的董仲舒把孔丘的"天命论"系统化、理论化，编造了一套"天人感应"的反动理论，胡说世界上一切事物都是"天"的意志安排的，人的行为可以感应上天，天则通过"灾异"对人表示谴告和惩罚，而地震也就是所谓"天谴"的一种表示。西汉末年的刘向则大肆歪曲历史事实，把地震统统说成是所谓人祸的结果。鲁文公九年（公元前 618 年）和鲁哀公三年（公元前 492 年）先后发生两次地震，他就胡说这是由于诸侯起来造了周天子的反，用了革新派，没有用孔老二。后来的一些顽固分子在地震问题上制造的奇谈怪论，大体上超不出董仲舒和刘向的这一套，只不过他们根据当时政治需要，制造谣言的内容和攻击的具体对象不同罢了。他们在政治上极端反动，在科学上也是一窍不通。他们所说的关于地震发生的原因完全是一派昏话，他们的地震知识等于零。这些愚蠢的家伙自己既没有兴趣去研究一下地震科学，又不许别人进行科学研究，他们侈谈地震，其目的不过是要借此造谣生事，扭转社会前进的方向。

我国地震史上的进步路线是在同反动路线的斗争中发展起来的。进步路线的代表人物，坚持革新的方向，用唯物主义的观点批判形形色色的唯心主义谬论，从事地震研究，留下了极为丰富的地震资料，有的还吸取群众与自然作斗争的经验，有所创造发明，对我国的地震科学作出了贡献。

春秋时伯阳父，曾对周幽王二年（公元前 780 年）在泾水、渭水、洛水流域的一次大地震发生的原因做过分析。他说："阳伏而不能出，阴迫而不能蒸，于是有地震。"[①] 他把自然界内部的矛盾——阴阳二气的对立斗争看作自然界变化的根据。这本来是朴素的唯物的认识论，可是，他接着又把周朝的灭亡归之于地震，认为自然现象和社会现象有一种必然的因果关系，得出了错误的结论。唐朝著名的进步思想家柳宗元，针对伯阳父的错误，写了评论。他不仅坚持了自然界的运动是"自动自休"、"自崩自缺"[②] 的这个唯物主义的观点，而且驳斥了地震造成国家灭亡的说法，正确地指出，西周的灭亡不是由于地震，而是有政治上的原因。战国时的法家荀况，汲取和总结了春秋战国时期与农业生产有关的天文知识，针对儒家的"天命论"，指出"天行有常，不为尧存，不为桀亡"[③]，认为自然界的运动是有规律的，它不以人的意志为转移，应该把自然现象和社会现象区别开来。他批驳了那些利用自然灾异现象造谣惑众，宣扬恐怖的胡说，认为自然现象是可以认识的，人们认识了自然现象就可以征服自然，这就是他所说的"制天命而用之"[④] 的光辉的人定胜天思想。荀况的唯物主义思想，冲破了"天命论"的束缚，对于自然科学的发展起了巨大的推动作用。历史证明，"天命论"的说教从来都是科学发展的绊脚石，而人定胜天的口号对于与自然斗争的人们则是一个极大的鼓舞。东汉的唯物主义思想家王充，继承了荀况的唯物主义，猛烈地抨击了董仲舒以来散布的"天人感应"的神学目的论。他根本否认地震等自然"灾异"是所谓"天谴"，他说"夫天道，自然也，无为"[⑤]，自然界既没有意识，也没有目的，自然界的变化是自然界本身造成的，"夫人不能动地，而亦不能动天"[⑥]。王充死后不到四十年，公元 132 年，我国

---

① 《国语·周语》。
② 《柳河东集·非国语》。
③ 《荀子·天论》。
④ 《荀子·天论》。
⑤ 《论衡·谴告》。
⑥ 《论衡·变动》。

杰出的科学家张衡发明了测定地震方位的地动仪，这是我国地震史上光辉的一页。

张衡的地动仪是人类历史上第一架观测地震的科学仪器，它比西方同类仪器的出现要早一千七百多年。他的地动仪用青铜铸成，形状像一个大酒樽，圆径有八尺，樽的周围镶着八条龙，按照东、西、南、北、东北、东南、西北、西南八个方向排列，龙嘴里都衔着一枚铜球，每个龙头的下方，坐着一只铜铸的蟾蜍，向上张着嘴巴。哪个方向发生了地震，传来了地震的震波，朝哪个方向的龙嘴里的铜球就会滚出来，落到铜蟾蜍嘴里，铜球冲击铜蟾蜍，响声清脆，就可以推算出地震发生的方位。公元138年，陇西（甘肃东南部）发生地震，张衡安置在洛阳的地动仪的龙嘴里吐出了铜球，测出西方发生地震。然而一批只信孔学不信科学的儒家之徒死不相信。过了几天，陇西来人报告，证实了张衡的观测，给了这些家伙一记响亮的耳光。张衡地动仪的发明，是当时思想上政治上两条路线斗争的产物。张衡在政治上是一个革新派，就在他发明地动仪的前两年，他在奏章中揭露宦官豪强"怨讟溢乎四海"，求打击宦官豪强的保守势力，改革政治。张衡发明地动仪的前后六七年中，洛阳地区经常地震，儒家利用谶纬神学散布迷信思想。张衡在《请禁绝图谶疏》中予以迎头痛击，指出这是"欺世罔俗"[1]。他讽刺这些儒家之徒死也不肯学科学而一味制造奇谈怪论，就好像画工不愿画狗马而要画鬼怪一样，因为鬼怪无形，可以随意乱画，而狗马是人人常见的，不能乱画。他坚决主张禁止谶纬神学，这在神学盛行的时候是难能可贵的。正是由于张衡在政治上坚持进步，在哲学上坚持唯物主义，因而在科学上也做出了杰出的贡献。张衡以后，我国还有一些研究地震的科学家。例如南北朝时的信都芳，曾经用图画绘出观测地震的仪器，著有《器准》一书。隋朝的临孝恭也写过一本《地动铜仪经》。可惜这些书籍，在反动势力的摧

---

[1]　《后汉书·张衡列传》。

残下，都没有能够流传下来。

北宋坚持法家路线的科学家沈括，曾亲自考察过登州（今山东烟台地区）的地震。他说这里巨嵎山地震"已五十余年，土人皆以为常"[1]，五十多年来这里经常发生小地震，当地人都习以为常，镇定自若。这是一个非常精彩的唯物主义观点。古代劳动人民能对连续发生而有震感的小地震"皆以为常"，是因为他们在一定程度上认识了地震是一种日常的自然现象，没有什么值得大惊小怪的。他还在太行山山崖间发现螺蚌壳和卵石层，断定这是"昔之海滨"[2]，如今却已东离大海近千里，论证了地质变迁和沧海桑田的变化。

特别可贵的是我国革命人民在地震面前所表现的英雄气概。他们与天斗，与地斗，与反动阶级斗，任何艰险都阻挡不住勇往直前的步伐。太平天国癸好（丑）三年（1853 年）二月，太平军攻克南京。四月，南京地区发生地震，句容"旬日之间大震数次"[3]，反动派趁机造谣破坏，妄图扰乱人心，动摇新建立的太平天国制度。对此，太平天国的革命领袖洪秀全及时颁发了地震诏，驳斥了敌人的无耻谰言，发出了豪迈的战斗口号："地转实为新地兆，天旋永立新天朝。"他以任凭天旋地转、我自岿然不动的英雄气概，激励太平天国的全体革命战士"放胆"进军，追歼逃敌，"同时今日好诛妖"，"一统江山图已到"[4]。洪秀全这种战天斗地、百折不挠的坚强意志，反映了革命者的革命乐观主义的胸襟和气魄。

我国古代的一些科学家之所以能够创造发明，对地震做出比较正确的判断，这是和他们注意吸收群众的实际经验分不开的。我国劳动人民在实践中对地震前的一些物理变化、化学变化、气候变化，有过许多经验总结。例如，唐开元二十二年（734 年）秦州地震，震

---

① 《梦溪笔谈》卷二一。
② 《梦溪笔谈》卷二四。
③ 光绪《句容县志》，转引自《中国地震资料年表》。
④ 《洪秀全选集》。

前"秦州百姓闻州西北地下殷殷有声，俄而地震"。唐贞元三年（787年）长安附近地震，震前"巢鸟惊散"[1]。宋天禧五年（1021年）华州地震，"民言数年以来峰上常有云，每遇风雨即隐隐有声"，地震的那天傍晚，"略无风雨，山上忽雾起有声渐大，地遂震动"。[2] 群众还指出："天鸣星陨"，"笋竹花实"，"自冬及春，桃李实，群花发"，"白昼群鼠与猫斗"等等，都是可能发生地震的征兆。《银川小志》记载："如井水忽浑浊，炮声散长，群犬围吠，即防此（地震）患。"人们在实践中认识地震前的种种征兆，采取了防患的措施，其中一种就是避到安全的地方去。明朝嘉靖十三年（1534年）十月，恩平阳江地震，"民多避地河南都，时独此都不震"[3]。这些很有价值的资料，反映了我国人民在防震抗震的斗争中，逐步地向着认识地震规律的道路前进。我国文献中此类资料非常丰富，有待很好地发掘，加以整理总结。我国地震史上两条路线的斗争，主要集中在两个方面：一个是地震是怎样发生的；另一个是地震能不能被认识。在唯心主义哲学思想支配下，反动阶级及其政治集团的人们宣扬不可知论，歪曲地震发生的原因，为其反动政治路线服务，从而也严重地阻碍了我国地震科学的发展。在唯物主义哲学思想支配下，进步阶级及其政治集团的人们认为地震是一种经常发生的自然现象，没有什么可怕的，并努力去研究这种自然现象，寻求其规律，从而去预防和战胜它，为社会进步和发展生产服务。历史的经验是一面镜子。我们今天要战胜地震所造成的自然灾害，首先也有一个路线问题，就是必须以阶级斗争为纲，坚持社会主义道路，打击阶级敌人的造谣破坏，在党的一元化领导下，群策群力，抗震救灾，土洋结合，群测群防，依靠广大群众，做好预测预防工作。只要我们坚决贯彻执行毛主席的无产阶级革命路线，就一定能够夺取抗震救灾的更大胜利，并在地震科学上做到逐步掌握地

---

[1] 《唐会要》卷四二。
[2] 《宋史·五行志》。
[3] 《二申野录》。

震发生发展的规律，为保卫社会主义革命和建设，保卫人民生命财产安全作出更大的贡献！

说明：此文署名岳定，是和徐新元合作，由李定生执笔。徐新元小名岳成，取岳与定而署名。本文刊载于 1976 年第 9 期《红旗》。

中国哲学史上的阴阳五行学说

阴阳五行学说，是中国早期朴素唯物主义的一种形态，即元素论的朴素唯物主义。现在就中国哲学史中的阴阳五行学说，讲以下几个问题：五行说和阴阳说；阴阳五行学说的特征；阴阳五行学说与古代医学；古代医学中的哲学。

一、五行说和阴阳说

"五行"一词，最早见于《尚书·甘誓》："有扈氏威侮五行，怠弃三正。"这指的是公元前 22 世纪时的事。这里的"三正"，是指夏代天政、地政、人政三大要政；这里的"五行"没有明确说明。但在《洪范》篇中记载着箕子的话说："我闻在昔，鲧堙洪水，汩陈其五行。"这件事是在公元前 12 世纪，而这件事中箕子所说的鲧和禹，是公元前 22 世纪的事。这里所说的"五行"，下文有明确说明，就是水、火、木、金、土。殷周之际有五行说，是确定无疑的，而且时人对五行的特征有所了解。但是，《洪范》所说的水火木金土五行次列，只是一种并列关系；"鲧治洪水"，以土堵塞流水，是扰乱了五行的规律（性质），这是对水润下的特性了解，还没有五行相生相克之说。

殷人的五行思想，不但有文献记载，且有甲骨文可考。在卜辞中有关于四方风雨的记载，殷商之人立足于"中商"，有中东南西北五方观念，它是构成早期五行说的重要因素。四方风雨的记载和五方观念，是殷人对自然界直观的经验，它和农业生产有着密切联系，犹如古代的药学与农业有密切联系一样。

由五方观念发展起来的五行思想，是人们所不可缺少的五材。《尚书大传》记载："水火者，百姓之所饮食也；金木者，百姓之所兴生也；土者，万物之所资生，是为人用。"水火金木土五种物质，是为人们所用的"五材"。所以《左传》记载子罕说："天生五材，民并用之，废一不可。"殷周之际，认为五行中"土"是万物赖以生长的，对五行特性的了解，又比《洪范》前进了一步。

从哲学观点来明确表达五行说的，是在周代。《国语·郑语》记载史伯关于五行合和生物说道："夫和实生物，同则不继，……故先王以土与金木水火杂，以成百物。"这是说"五行"是构成自然界万事万物的基本物质元素。

从严格意义上来说，五行和实生物，只是属于地上的有形的物质。作为天地对立观念中的五行说，则有"三辰"与"五行"的对立、和"六气"与"五行"的对立两种。天地对立观念中的五行，反映了人们把天地看作是有联系的，因为把天地作为对立的本身，已提示了两者的联系。关于六气与五行对立，则进一步把天地之间的关系沟通了。"则天之明，因地之性，生其六气，用其五行，降为五味……六气曰：阴、阳、风、雨、晦、明也。"地上的五行的属性，如五味、五色等，是六气降生或散发所致。这里，"气"这个概念已在不明显的形成中，总摄天地万物了。

但是，六气五行说，也有进一步发展而陷入神秘主义的可能。如果进一步抽象，只取其数，而舍其物，那么，就可能脱离实物，如所谓"天六地五"的抽象而成为臆测。

阴阳的观念是人们在生产和生活中，观察自然的经验。古人在日常的生产和生活的实践中，认识到太阳对人的影响极大，从而以太阳光的向背而形成阴阳的观念。征之于古籍，即可清楚。《易经》讲阴者一，中孚九二说："鸣鹤在阴，其子和之。"这里言阴，是指太阳光被覆蔽。故《说文》云：阴，云覆日也，阴，暗也。《尚书》讲阴和阳者各三，如"南至于华阴"，"岷山之阳"，这里讲的阴和阳，是指某山之向阳和背阳。故山南为阳，山北为阴；水南为阴，水北曰阳。《诗经》讲阴者八，讲阳者十四，而讲阴阳者一。阴阳联成一词，是人们观察自然的深入。如《诗·大雅》："既景乃岗，相其阴阳。"这是说，在山冈上测日影，以观察其向背。相其阴阳，察其向背，已把阴阳作为一件事物的相反的两个方面。阴阳作为统一体的两个对立方面，也由此而来。

用阴阳二气来说明事物变化的，是西周末年的伯阳父。伯阳父曰："夫天地之气，不失其序，若过其序，民乱之也。阳伏而不能出，阴迫而不能蒸，于是有地震。今三川实震，是阳失其所而镇阴也。"这里明确了天地之气即阴阳二气，有一定的位置和运行的规律。《国语》说："阴阳次序，风雨时至。"如果阴阳失调，自然界就会异常变化。阴气具有沉滞的特性，阳气具有升越的特性，这相反相成的阴阳二气，在一定条件下相互转化。《国语》："阳至而阴，阴至而阳。"地震就是阳失其所而镇于阴的矛盾冲突。这样用自然来解释自然、用阴阳来说明自然界变化的原因，不仅是唯物主义的，而且也具有辩证法思想。

二、阴阳五行学说的特征

阴阳五行说，肯定了世界的物质统一性，在哲学基本问题上，它是唯物主义的。它反映古人在严重的神学思想笼罩下，努力摆脱宗教迷信思想的艰苦斗争。

阴阳五行说，肯定世界是一个万事万物，多种多样，且它们之间有着联系的统一整体，在这个统一的整体中，万事万物是运动变化的，是不断生灭的，这是由于事物的阴阳的对立矛盾。

阴阳五行说，作为唯物主义的一个发展阶段，它既与宗教迷信对立，又没有完全摆脱宗教迷信的体系。它既说明世界的物质统一性，但又是不科学的。它带有自发的朴素的性质，是一种天才的猜测。

三、阴阳五行学说与古代医学

科学和哲学总是密切相关的，人类认识史的发展，是以科学发展为基础的，而科学又是以哲学为指导的。正如恩格斯所说："无论科学家的立场怎样，他们总要受哲学的支配。"古代医学，很自然地受到当时哲学的支配，所以后来阴阳五行学说成了医学的基础理论。

科学和宗教是水火不相容的。但最初的科学思想的萌芽，又都和宗教神话有联系，正如古代医学和巫术有联系一样，只是它们之间的比例逐渐不同罢了。

传说教民稼穑的神农，他尝百草几次有中毒反应，反映了古代人们向自然界和向疾病作斗争的积极精神，后来神农不但被尊为农神，而且医药也托名于他。汉代刘向的《说苑》记载，上古有个叫苗父的巫师，用祈祷禁咒术治病，说向北诵十字咒，轻重的毛病就会好，这说明和早期的唯物主义阴阳五行一样，医学和巫术相联系。巫医治病主要是用祈祷禁咒术，但后来也逐渐用酒、用草药。《山海经》中记载巫咸、巫彭等十巫，往来灵山采百药。咸彭是商代的名巫，可见他们开始与宗教分离，而兼用草药了。周代医学已很进步，不但医有分工，而且建立了病史记录的制度。春秋用六气五行说明病理，战国医巫分离，并相对立。《史记·扁鹊传》："病有六不治"，第六种就是"信巫不信医"，表明了医巫的对立。

医巫脱离并相对立，可谓医学上的一次革命，这和医学受了阴阳学说的支配有密切关系。

四、古代医学中的哲学

"气"，是古代人民对自然现象认识的一种朴素的唯物主义观点。这种观点认为，天地间一切事物，都是由气构成，气是经常地不断地运动变化着的。它被引用到医学领域中，便成了解释生命现象和生理活动以及病理的理论基础。医学把人体看作是自然界的一个组成部分，它提供了从自然界寻求病理的唯物主义原理，"治病必求于本"。既然人体是自然界的一个组成部分，那么，人的养生规律和自然界的规律有密切的联系，"阴阳四时者，万物之终始也，死生之本也。逆之则灾害生，从之则苛疾不起……从阴阳则生，逆之则死。"人体的生理活动，就是阴阳二气既对立又统一的矛盾运动。"人生有形，不离阴阳。"这种不离阴阳的运动就是"阴阳消长"和"气血生化"。如果由于某些原因，这种矛盾运动遭到破坏，就是引起疾病的根本原因。因此，必须保持阴阳的对立的统一；即相对的平衡。"阴平阳秘，精神乃治，阴阳离决，精气乃绝。"如果阴阳失调，"血气不和，百病乃变化而生"。

阴阳学说应用于医学，其基本点有阴阳可分、阴阳互根、阴阳制约和阴阳转化。这构成医学中从"阴阳消长"来说明人体正常生理活动，以阴阳"偏胜偏衰"来说明病理现象。

说明：1980 年 10 月至 1981 年 4 月，上海市中医学会举办阴阳学说（包括五行学说）讲座，应邀作此讲演。讲稿刊上海市中医学会1982 年 3 月编《阴阳学说讲座资料选编》。

《老子》唯物论

"道"是老子思想的核心，它的实质是什么？五千言中，提法不同，为后人的研究工作增加了不少困难。过去有关《老子》唯物论和唯心论的争论，分歧也在这里。

断定《老子》是唯心论的认为：（一）"道"是"常无"、"常有"的统一，两者统一于"常无"，"道"是形而上学的本体。其根据是《老子》第一章。（二）"道"是先天地生的东西，先天地生者"非物"，因此，"道"是"绝对精神"。其根据是第二十五章"有物混成，先天地生"。（三）"道"是产生宇宙万物的总根源，精神生物质，这是精神第一性，物质第二性的唯心主义。其根据是第四十二章"道生一"。

"道"究竟是精神实体，还是物质实体？弄清这个关键问题，《老子》是唯物论还是唯心论，也就可以断定了。本文就从三个方面来讨论。

一、"道"是"有无相生"的客观规律

《庄子·天下篇》是一篇简明的先秦哲学史，其中对《老子》的评述，可作为研究其哲学思想的线索。它说《老子》"建之以常无有，主之以太一"。"太一"是"道"，问题不大；"常无有"是什么，就有争论了。

《老子》唯心论者说，"常无有"应该为"常无、有"（即"常无"、"常有"），并注明：明人陶望龄将"常无有"分截读作"常、

无、有"，以配佛说的"如实空"，近人章炳麟等亦主此说。这实际是"援老入佛"。他们认为"常无"、"常有"是老子哲学的基本范畴，"常无、有"是老子哲学体系的骨架，"道"正是"常无"、"常有"的统一。此说有何根据呢？他们说：这在《老子》全书的纲领性的第一章里是很清楚的。

我们就来研究《老子》第一章："道，可道也，非恒道。名，可名也。非恒名也。无名，万物之始也；有名，万物之母也。故恒无欲也，以观其妙；恒有欲也，以观其所嗷。两者同出，异名同谓。玄之又玄，众妙之门"。（帛书《老子》甲、乙本）

应该指出，《老子》分章乃后人所为，多有错误，为后人断章取义开了方便之门。说"常无"、"常有"是《老子》哲学的基本范畴就是一例。而我们说《老子》某章，只是便于检阅罢了。

综观《老子》全书，"常无"、"常有"两字联在一起的，在第一章有；至于《老子》哲学的基本范畴"常有"、"常无"，全书则没有一个。《老子》唯心论者说："故常无，欲以观其妙；常有，欲以观其徼"。在他们看来，《老子》提出了"常道"和"非常道"，"常名"和"非常名"的对立，所以形而下的事物的名字都不是"常名"，于是逻辑地引出"无，名天地之始；有，名万物之母"的句读，以为这是承上文而来的。他们说："道"所以是"常道"，就因为它是"常无"、"常有"的统一，而两者统一于"常无"，这种"道"就是《老子》的形而上的本体。

其实，这样句读法，以及因此把"道"说成是绝"无"，并不是新的发明，早在宋人那里就这样读和说了。只要我们本着科学的态度，稍加考察，就能摆脱传统的束缚，例如：

（一）以本书可证明"常无欲"句读是对的，"常无"句读是错的、没有根据的。如三十四章："故常无欲，可名于小"，就不能读为"故常无，欲可名于小"。

（二）以他书可证明"无名"、"有名"句读是对的，把"无名"、

"有名"二字分截读之是错的。如《史记·日者传》引作："无名者，万物之始也。"《文子·道原》："有名产于无名，无名者，有名之母也。"

（三）"无名"、"有名"、"无欲"、"有欲"，乃是《老子》的常语，不能分截而读之。如三十一章："道常无名……始制有名"，三十七章："无名之朴"，四十一章："道隐无名"，三章："常使民无知无欲"，三十七章："无名之朴，夫亦将无欲"，等等。

（四）从文义可证明"无名"、"有名"、"无欲"、"有欲"句读是对的，分截读之是错的。如第一、二句是说老子讲的"道"是常道，是常名。第三、四句应上两句，说万物开始是无名，有了万物才有名。这四句是连贯的，否则，就成为第一句讲"道"，第二句讲"名"，第三句讲"无"，第四句讲"有"，前后不相关联了。第五、六句是接前面"无名"和"有名"两句来说的，"常无欲以观其妙，常有欲以观其所噭"，是说"无名"和"有名"的关系，否则就成了"常无"、"常有"的关系了。

（五）帛书《老子》的出土，更加有力地证明"常无"、"常有"句读的谬误，因为不能将"常无欲也，以观其妙"读成"常无，欲也以观其妙"。

从以上五点，我们有理由说，那种认为《老子》的"常道"是"常无"、"常有"的统一，而两者统一于"常无"，"道"是形而上的本体的说法，不是从既有的事实出发，而是虚构的一些联系。我们也有理由指出，把《庄子·天下篇》所说的"建之以常无有"，读为建之以"常无"、"常有"，不仅文法上有问题，而且所谓《老子》哲学体系的骨架，也是建立在沙墟上的。近人蒋锡昌在《老子校诂》中指出："以为《庄子》之'常无有'即《老子》之'常无''常有'，诚可谓善于牵强附会者矣。"我们虽然不同意把"常无有"三字分截而读，但这样读法，比"常无、有"读法要强，因为"常"、"无"、"有"在《老子》书里，是经常出现的概念。

论证"常无、有"读法和虚构《老子》哲学唯心论体系为非，并不足以证明《老子》是唯物论。还必须从既有的事实出发，发现其中的联系，尽可能地加以证明。《庄子·天下篇》谓《老子》"建之以常无有，主之以太一"，从两个方面指出了《老子》思想核心"道"是唯物论：前者言"道"是"有无相生"的客观规律，后者说"道"是构成万物的物质实体。

《老子》虽没有明确地说"道"是"有无相生"即相反相成的规律，但"道"主要地或在较多的场合，是指世界万物运动变化的普遍规律，这是显而易见的，《老子》比较系统地揭示了自然界和社会一切事物的存在是相互依存的，而不是孤立的。它概括说："天下皆知美之为美，斯恶已；皆知善，斯不善矣。有无相生，难易之相成也，长短之相形也，高下之相盈也，音声之相和也，先后相随。"（帛书《老子》乙本）它认为任何事物有它的这一面，必有和它相反的那一面，美丑、善恶、有无、难易、长短、高下、先后等等相反的对立面，一方不存在，对立方也就不存在，正反两个方面是相反相成的。并提出"万物负阴而抱阳"，一切事物都是对立的统一，事物的变化运动，是事物内部的矛盾。它把这一矛盾规律，看作是自然界和社会普遍的恒常（"恒也"）的规律。

《老子》通行本没有"恒也"二字，帛书《老子》甲乙本均有"恒也"二字。如果说第一章帛书的"常无欲也"、"常有欲也"，摧毁了建立"常无"、"常有"体系的基础，那么，第二章帛书的"恒也"就堵塞了那种割裂矛盾，即把"道"规定为"无"的形而上学。

这里的"恒也"是紧接上面第一章"道可道，非恒道；名可名，非恒名"而来的，讲的是"恒道"，而"恒道"是"无名"的。"无名，万物之始；有名，万物之母"，万物开始是"无名"，有了万物才"有名"。"道恒无名……始制有名"（《三十二章》)，这里的"始"就是"无名万物之始"的"始"，怎样"始制有名"？王弼注说："始制谓朴散。""朴"是"道"的别名，《老子》说："道常无名，朴"，又说：

"无名之朴"（这里所涉及的作为构成万物的物质实体的"道"，我们下面再讨论）。"道"是"无名"和"有名"的统一，是"始"和"母"的统一，"无名"之"道"，"始制有名"，就是四十章"天下之物生于有，有生于无"的"有无相生"的关系。这样相反相成的关系，"恒也"，既不是先后关系，也不能割裂而孤立存在。因此，"恒无欲也，以观其妙；恒有欲也，以观其所噭"，这样才能领会"无名"和"有名"的关系。"所噭"通行本作"徼"，无"所"字，其他本也有作"曒"、"皦"，都很难解释通。帛书《老子》甲乙本作"以观其所噭"，《说文》：噭，吼也，从口敫声。一曰：噭，呼也。《太玄》注：噭与叫同。《汉书·货殖传》："噭咷楚歌。"集注引服虔：叫也。可见，"以观其所噭"，指"有名"，故下文说："此两者同出，异名同谓。""无名"、"有名"两者同出于"道"，名称不同，所谓一头。这就是"无名"、"有名"统一的"恒道"。

二、"道"是构成万物的物质实体

"道"既是"有无相生"的客观规律，又是构成万物的物质实体。"道生之而德畜之，物形之而器成之，是以万物遵道而贵德。道之遵，德之贵也，夫莫之爵而恒自然也。"（《五十一章》）"道"产生万物，是无意志、无目的的，是自然而然的，这就排除了上帝创世说的目的论和天命论。

"道"是混沌的物质。二十五章说："有物混成，先天地生，寂兮寥兮，独立而不改，可以为天地母，吾未知其名，字之曰道，强为之名曰大。""道"是先于天地而存在的"混成"的物质实体，它听不到、看不见，但却是客观存在着而不受其他外力支配的，是产生天地之母。"混成"的"混"即"混而为一"的"混"。十四章说："视之不见名曰微，听之不闻名曰希，搏之不得名曰夷，三者不可至计，故混而为一。"这样混然一体的物质，是没有具体形状的形状（"无状之状"），是没有具体物象的物象（"无物之象"），这种状象叫作"恍惚"。"恍惚"是"道"这个物质实体的状象。二十一章说："道之为物，惟恍惟惚，惚兮恍兮，其中有象，恍兮惚兮，其中有物，窈兮冥兮，其中有精，其精甚真，其中有信。"这里，"有象"、"有物"、"有精"，就说明"有物混成，先天地生"的"道"，是物质性的实体。人的感官虽然看不见，听不到，摸不着，恍恍惚惚，但它确实存在，是混然一体、尚未分化为天地万物的原始物质。

《老子》唯心论者说：先天地生的东西，不可能是物质性的，而是精神性的。他们引证了《庄子》"有先天地生者物耶？物物者非物，物出不得先物也"（《庄子·知北游》），认为这正是解释《老子》"有物混成，先天地生"的，说明"先天地生者非物"，"道"是超时空的"绝对观念"。为了说明"绝对观念"的"道"产生天地万物的过程，他们强解二十一章说："道之为物"的"为"，是"道""无为而无不为"的"为"，即创造万物的意思，并把"惟恍惟惚"说成是道创造万物的过程。

我们认为，这种说法，有几个问题没有被考虑或被歪曲了：

（一）庄子问有先天地生者物耶？"物物者非物"，是庄子的回答，而不是《老子》的自注。这正是老庄不同的地方。

（二）物也者，大共名也，"物"是推而共之、共则又共、至于无共然后止的最高的类概念，天和地只是属于"物"的一般类概念，怎么能用庄子"物物者非物"说明先天地生的"道"是非物呢？这不是把"天地"和"物质"概念等同起来了吗？那种认为"道"是超自然、超时空的看法，正是把古代的天地、万物，错误地当作我们现在哲学上概括一切的"宇宙"的概念，把一些《老子》没有的观念，强加给《老子》了。

（三）天地的形成，古代有不同的说法，如有盘古用斧头开天辟地的说法；有上帝（精神）创造的说法；有是由细微的物质如气，清轻者上升为天，重浊者下沉为地的说法。因此，不能说先天地生者就是精神性的东西。

（四）至于把"道之为物"的"为"解作"生"，从而强解为"道"创造物，就语法上也是说不通的。《论语》："中庸之为德也，其至矣乎，民鲜久矣。"我们不能说中庸创造德。《墨子》："兼之为道也义正，别之为道也力正"（《墨子·天志下》），是说兼道义政，别道力政，而不能说兼生道是义正，别生道是力正。《孟子》："流水之为物也"（《孟子·尽心上》），不是流水生物。《庄子》："知天地之为稊米也，知毫末之为丘山也"（《庄子·秋水》），不是说天地生稊米，毫末生丘山。《韩非子》《吕氏春秋》等先秦子书中，也不乏其例。这正好说明"道之为物"的"道"是"物"。

《老子》认为，"道"是尚未分化为天地万物的原始物质，这种混沌一体的原始物质，又叫"朴"。《老子》说："道常无名，朴"，又说："无名之朴"。河上公注说："朴，道也。""无名之朴"，就是无名万物之"始"的无名之"道"，它是产生万物而先于万物客观存在的混沌物质。"朴"怎样产生万物呢？二十八章说："朴散则为器。""朴"散为"器"的过程，也就是"始制有名"的过程，所以王弼注说："始制，谓朴散。"《淮南子》也说："浑沌为朴"，"分而为万物"。"朴"是混沌一体尚未分化为具体事物的原初物质，它是恍惚无形，故也"无名"；它是构成具体事物"器"的素材，具体事物"器"，是有形的，故也"有名"；它是"朴散"而成，也就是"始制有名"。因此，作为万物之主的"道"，它既是"混"而为一的，又能"散"而为万物，这只能是物质性的实体。如果是"绝对精神"，纯粹"理念"，那么，就不可能"混"和"散"。

"道"是构成万物的物质实体，这个物质实体就是"气"。《老子》中讲"气"的地方不多，但它在关键的四十二章中论述"道"生万物的过程时说："道生一，一生二，二生三，三生万物。万物负阴而抱阳，冲气以为和。"这说明万物都是阴、阳二气涌摇和合而成，即"气"的对立统一。"和"就是这对立统一的"和气"，亦即《荀子·天论》所说"万物各得和以生"的"和"。故杨倞注曰："和谓和气。"

《正名》："性之和所生。"杨注："和，阴阳冲气也。"联系到二十一章道之为物、其中有精、其精甚真，这种构成万物的物质实体，也就是"精气"。精气和"道"这两个名词，我们综观先秦道家，是没有严格区别的，这在《管子》中反映稷下道家的思想是如此，在《吕氏春秋》中也是如此。《大乐篇》说："道也者，视之不见，听之不闻，不可为状。有知不见之见，不闻之闻，无状之状者，则几于知之（按指'道'）矣。道也者，至精也，不可为形，不可为名，强为之名，谓之太一。"这似乎是在给《老子》做解释，"道"，"至精也"，是精微的气，"不可为形，不可为名"，故强为之名曰"太一"。"太一"亦即《老子》混而为一的"一"；"一"者，"绳绳不可名"，亦即这里的"不可为名"；"复归于无物"亦即这里说的"不可为形"、"不可为状"。

过去有人望文生义，说"复归于无物"证明"道"是"无物"。如果我们将《老子》和《吕氏春秋》加以对照就可以清楚地看出，所谓"无物"就是"不可为形"、"不可为状"的"无状之状者"，而不是绝"无"。《老子》的"绳绳不可名，复归于无物"只不过是说无名无形，所以接下来就说："是谓无状之状，无物之象。是谓恍惚。"（《十四章》）然而恍惚之中，却有象有物有精。这样恍惚的物质实体，叫作"太一"，它是万物的本原，"道者，万物之主"（《六十二章》）。因此，《庄子·天下篇》说老子"主之以太一"。

"道"作为客观规律和物质实体，正是《老子》的特点，同时也反映了《老子》在人类认识史中所达到的水平，它既超过了朴素唯物论的元素论，又没有完全脱离元素论而达到唯物论的本体论。"道"是客观规律，但没有脱离气元素；"道"是"气"的物质实体，而又是"气"的一般。因此，它不可避免地存在着一些缺陷。例如《老子》一方面力图区别它以前的唯物主义，强调"道"不同于日常常见的具体事物；另一方面，又不可能阐明"道"和具体事物的关系，这就有可能为后来的唯心论者所利用，把"道"说成是不可言说的、超乎现象的精神本体。又如"道"虽是"有无相生"的客观规律，但也没有被从矛盾的互相关系中展开和加以深化，只是从某些具体事物存在的形态上去找根据，这就会使人们产生一种误解或割裂矛盾双方的关系。尽管如此，《庄子·天下篇》却抓住了《老子》"建之以常无有，主之以太一"的特点。

三、唯物主义的"道"一元论

《老子》唯心论者常以"道生一"（《四十二章》）、"有生于无"（《四十章》）为例责难说，混而为一的"一"，很似原子，但它属于"有"的范围，而不属于"无"的范围，"一"是"道"派生出来的，是"无生有"。

我们在前面提到《老子》分章是后人所为，且有错，这不仅对理解《老子》思想带来不利，又肢解了《老子》。"道生一"和"有生于无"，就有这样的问题。它们中间有"上士闻道"的四十一章。帛书《老子》不分章，第四十章和四十二章前后连贯，表述了一个完整的思想。

"反者道之动，弱者道之用。天下之物生于有，有生于无。道生一，一生二，二生三，三生万物，万物负阴而抱阳，冲气以为和。……"这是说，向相反的方面变化是"道"的运动，柔弱虚无是"道"的作用，天下之物是有无相生的，"道"的运动变化过程，也就是万物生成的过程，一切事物都是对立的统一。

在中国哲学史上，《老子》第一个提出否定的概念："反者道之动，弱者道之用。""反"和"弱"就是否定；由于否定的作用，才有事物的发展。《老子》认识到了对立的统一并非一成不变，而是变动不滞的，对立的方面是相互转化的。所谓"物或损之而益，或益之而损"（《四十二章》），"祸兮福之所倚，福兮祸之所伏。孰知其极？其无正，正复为奇，善复为妖"（《五十八章》），这是说损益、祸福、正奇、善恶等等不是绝对的，任何一方都不可能永久固定，而是相互转化的。矛盾为什么会转化，事物为什么能发展呢？因为它具有与自身相反、即否定的作用。在"有无相生"的矛盾中，《老子》强调"无"的作用："道冲而用之又不盈也，渊兮似万物之宗。"(《四章》)"道"的虚无的作用是不穷尽的，万物就是这种作用产生出来的，这就是"弱者道之用"。"天下之物生于有，有生于无"，是强调"有无相生"否定（"无"）在事物发展中的作用。它把这种作用比作一个风箱，"天地之间，其犹橐籥乎，虚而不屈，动而愈出"(《五章》)。这种观点是机智的，它接触到了辩证思想的精华。

在古希腊，以德谟克利特为代表的唯物主义学派，认为世界的本原是原子和虚空，原子是不可分割的最小粒子，虚空是原子运动的场所，原子在虚空中运动、碰撞、离合而形成世界万物。他们把原子称为存在，虚空称为非存在，两者都是实在的，存在并不比非存在更实在，没有虚空就没有运动，没有世界。黑格尔虽然对这种古代原子论进行了歪曲，但他对原子论的分析却是深刻的。他说："一是原子（和虚空）的古老的原则。虚空之被认为是运动的泉源，不仅在于地方空着这个意思，而且还包含有'更深一层的思想：在否定的东西中一般都包括生成的根据，自己运动的不安的根据'。"(转引自列宁《哲学笔记》)他认为虚空之所以是运动的泉源，不仅由于地方空着，而且由于它存在的否定的方面是非存在。存在与非存在，肯定与否定构成事物的内部矛盾，是事物自己运动的内因。所以列宁写道："注意：自己运动。""有无相生"的"道"，正如存在和非存在、肯定和否定那样，是构成事物内部矛盾，是事物自己运动的内因，在否定的东西中，一般都包含着生成的根据，"反者道之动，弱者道之用"，不只是"虚而不屈"，而且是"动而愈出"，天下之物生于有，有生于无。

"有""无"这一对范畴，《老子》是有规定的，说有无相生"恒也"。第十章说："三十辐共一毂，当其无有，车之用也；埏埴以为器，当其无有，埴器之用也；凿户牖，当其无有，室之用也。故有之以为利，无之以为用。"可是，《老子》唯心论者却割裂和曲解"有"、"无"关系，把《老子》强调否定在事物发展过程中的作用，说成"道"就是绝对的"无"，把"天下之物生于有，有生于无"的"有无相生"关系，说成是"无生有"，而且把"无"、"有"说成先后关系，将"无"曲解为有无的"无"。其实《老子》中"无名，万物之始，有名，万物之母"，就是对"天下之物生于有，有生于无"的说明。所以后来的《文子》及《淮南子》说："有生于无，实出于虚。"

"道"一元论，是《老子》哲学的特点。"道"不但是"万物之主"、"万物之宗"，而且是"象帝之先"，"以道莅天下，其鬼不神"。（《四十章》）上帝算什么主宰，鬼神起得了什么作用，"道"，比他们更根本，一切都是"道"产生的。

由于"道"自身的否定因素，"道"不断运动变化，从而产生天下万物。接着，《老子》说明了"道"生万物的运动变化过程："道生一，一生二，二生三，三生万物。"（《四十二章》）《老子》唯心论者把"道"生万物的运动变化过程与上文说"道"的运动变化割裂开来，抓住"道生一"的"生"，解释为派生、创造，认定是精神生物质，精神第一性，物质第二性。这其实是误解。这里，"道生……万物"的"生"，是"化生出"的意思，是说"道"运动变化化生出万物，而不是"道"创造"一"，更不是精神派生物质。如果前者派生后者，那就不但有第一性和第二性，还有第三性和第四性。《说文》："生，进也，象草木生出土上。"草木破土而出是"生"的本义。《广雅释诂》："生，出也。"《老子》也说"出生入死"。"道生"不是静止的，而是承上文"反者道之动……"而说的，故"生"是动出的意思。《淮南子》讲"道"分为万物时说："故动而谓之生。"《易观》"观其生"注："生犹动出也"，《黄帝内经》"少阳则不生"注："生谓动出也"。因此，"道生"，是道运动化生出，即转化，根本谈不上哲学上第一性、第二性的"派生"的问题。所谓"一"、"二"、"三"，是表明"道"运动变化的过程，就同《史记》"舜所居，一年成聚，二年成邑，三年成都"是说成聚、成邑、成都的先后次序一样，如果穿凿附会，律以一定之时期，那就迂阔而不通了。

因此，"道生……万物"是说"道"的运动变化过程。支配万事万物运动变化的是"道"，构成万事万物的原始物质是"道"，一切由"道"产生，最后复归于"道"。《老子》的"道"一元论，标志着中国古代哲学的一个阶段。

说明：本文载 1980 年第 4 期《复旦学报》。《光明日报》1980 年 8 月 3 日，"百家争鸣"栏"如何评价《老子》哲学"，报道此文。《解放日报》1980 年 8 月 10 日，《百家园》栏"《老子》不是唯心论"，报道此文。

对 "克己复礼" 的辩解

记得十年动乱中，有人别有用心地把 "克己复礼" 这句话，作为孔子复辟奴隶制的一大罪案。我觉得这太不像话，曾请问老师王蘧常教授，他说，"克己复礼" 本是一句成语，一句格言，见《春秋左传》昭公十二年传。传说：楚右尹子革讽灵王，"王馈不食，寝不寐，数日，不能自克，以及于难。仲尼曰：'古也有志，克己复礼，仁也。'信善哉！楚灵王若能如是，岂其辱于乾谿。" 可知这句话是孔子引古志，而《论语·颜渊》篇孔子又引之，全是讲修身的事，楚灵王围徐惧吴，求鼎于周，求田于郑，贪得无厌，不能克制自己的私欲，归于法度，故引古志以惜之，何尝有一点复辟奴隶制社会制度的意思。至于《颜渊》篇言修身，尤为显著，所以马融《论语注》解克己为约身。这一章是以 "克己复礼" 一句作为修身的纲领，而以下四个 "非礼勿……" 为条目，"目" 是要的意思，前后呼应，何可断章取义？四个 "非礼勿……"，正是克己的事。礼是指礼仪法度而言，不能失之太玄。第一个 "非礼勿视"，例如，孔门弟子也有出见纷华而悦，这个见而悦的 "悦" 字，假使不加以克制，那么许多淫邪龌龊的事，就缘之而来了，非至堕落不止！第二个 "非礼勿听"，例如，师涓作靡靡之乐，听之，使人颓废，消沉……而不能自振。假使不加以克制，足以亡人国而有余，岂不可怕！第三个 "非礼勿言"，例如，一言可以丧邦。即小而言之，乡曲市井之人，一言不合，即辱及人母；甚至开门见天色不好，竟辱及天母（天本无母，姑言之）。假使不加以克制，加以禁止，尚得称为"礼义之邦"吗？第四个"非礼勿动"，例如，商纣王为象箸，他的动机好像是平常细微的事，但箕子为之悲叹、恐怖，因为象箸必将玉杯，玉杯必将旄象豹胎，旄象豹胎，必将锦衣九重，广室高台，非至财尽民怨国亡而不止。凡一切不能防微杜渐，结果都是如此，假使在初动时不加克制，后患还堪设想吗？后面的四目，和上面的纲领，是紧密联系着的，怎么可以孤立来看呢？怎么可以断章取义呢？怎么可以无中生有呢？怎么可以说是复辟奴隶制呢？穿凿附会、颠倒黑白、极尽诬蔑的能事，我怎能不辩呢！

当时，由于白色恐怖弥漫，老师上述这番见解，我虽然记了下来，但不敢公开。近来，发现许多同志对这个问题仍然十分感兴趣，便征得王老师的同意，将记录整理出来，投寄《新民晚报》，供大家商榷。

说明：本文是记王蘧常老师一席话，刊在 1983 年 5 月 17 日《新民晚报》。

文子道论

《文子》这本书，过去一向被认为是伪书，在中国哲学史上，也没有文子这个哲学家。1973 年，河北定县 40 号汉墓出十的竹简中，有《文子》的残简，其中与今木《文子》相同的文字有六章，不见今本《文子》的还有一些，或系《文子》佚文。这就使《文了》得以部分地恢复其本来面目，对研究《文子》的真伪及其哲学思想，具有重要的价值。

一、《文子》真伪辨

刘向《七略》有《文子》九篇，《汉书·艺文志》道家著录仍之。梁阮孝绪《七录》作十卷，《隋书·经籍志》、《旧唐书·经籍志》和《新唐书·艺文去》均作十二卷，与今本相同。北魏李暹作《文子》注，唐代徐灵府注《文子》上进，诏封通玄真人，号曰《通玄真经》，《文选》李善注中也引《文子》，这说明自汉经隋至唐，确有《文子》这本书存在。

由于班固在录《文子》时自注说："老子弟子，与孔子并时，而称周平王问，似依托者也。"唐代柳宗元也曾作《辩文子》说："文子书十二篇，其传曰：老子弟子。其辞有若可取，其旨意皆本老子，然考其书，盖驳书也。其书浑而类者少，窃取他书以合之者多。"他怀疑"不知人之增益之欤？或者众为聚敛以成其书欤？"（《柳宗元集》）我们知道，"驳书"不是"伪书"，纵为聚敛而成的书，也不等于是伪书，如《吕氏春秋》、《淮南子》等就是。自宋以来，人们误解班固之言，遂怀疑《文子》为后世依托，认为是一本伪书。

持伪书说者较多，有代表性的如黄震说："文子者，云周平王时辛研之字，即范蠡之师计然，尝师老子而作此书。其为之注与序者，唐人默希子，而号其书曰《通玄真经》，然伪书尔。"他提出四点理由。第一，"孔子后于周平王几百年，及见老子，安有生于平王之时者，先能师老子邪？范蠡战国人，又安得尚师平王时之文子耶？"第二，"老子所谈清虚，而计然之所事者财利"。第三，《文子》讲"皇王帝霸"，而"霸"乃"伯"字，是后世转声为"霸"，平王时"未有霸之名"。第四，《文子》中讲到"相坐之法，减爵之令"，这都是秦的事，而书中以为老子之言。因此，他认为是默希子"自匿其姓名"伪为《文子》的（《黄氏日抄》）。陶方琦肯定"文子非古书"，认为现今属于杂家的《文子》，与《汉书·艺文志》属于道家的《文子》不同，并提出"文子首章道原即淮南子之原道，精诚即精神，上德即说林，上义即兵略，实相一致，而割裂矛盾之迹显然"（《汉孳室文钞》）。梁启超则说《文子》自从班固起已疑其依托，"今本盖非班旧，实伪中出伪也。其大半袭自《淮南子》。"（《饮冰室专集·汉书艺文志诸子略考释》）章太炎说，今本《文子》"半袭《淮南》，所引《老子》亦多怪异，其为依托甚明"。他从《文选》注引《文子》和张湛注《列子》对比，认为今本《文子》与《列子》"同出一手"，"疑即张湛伪造"（《菿汉微言》）。钱熙祚《文子校勘记》云，《文子》出《淮南子》者十之九，取它书者不过十之一也。惟《淮南子》传写已久，间有《淮南子》误，而《文子》不误者。姚振宗《隋书经籍志考证》云，钱氏校勘，将其剽窃之迹一一指出，证明《文子》取《淮南子》，非《淮南子》取《文子》。姚际恒肯定柳宗元《辩文子》所谓"驳书"，说"其书虽伪，然不全伪"，并认为其伪的部分是北魏时注《文子》的李暹为之（见《古今伪书考》）。胡应麟也肯定柳宗元《辩文子》所谓《文子》是"驳书"，而不同意黄震所说是唐人徐灵府所伪撰，他认为自汉至唐《文子》是存在的，"惟中有汉后字面，而篇数屡增，则或李暹辈润益于散乱之后"（见《四部正伪》）。

认为《文子》是伪书或不全伪的，其主要理由不外三点。一、依班固自注，文子是老子的学生，与孔子同时代人，却称周平王问，孔子后于周平王几百年，哪有与孔子同时的人能和周平王问答。二、《文子》和《淮南子》很多词句相同，究竟谁抄袭谁的？由于第一点理由，从而认为是《文子》抄袭《淮南子》。三、《文子》内容庞杂，不像道家的《文子》，因而也认为是抄袭《淮南子》。

在讨夫辩《文子》的真伪中，认为《文子》不是伪书的为数不多，唯孙星衍认为《汉书·艺文志》班固注言，"盖谓文子生小与周平王同时，而书中称之，乃托为问答，非谓其书由后人伪托；宋人误会其言，遂疑此书出于后世也。"他根据《文子》中称"平王"而无"周"字，认为是"班固误读此书"。提出为什么这个"平王"不是楚平王呢？并论证说："文子师老子，抑或游乎楚，平王同时，无足怪者。"对于《文子》和《淮南子》是谁抄谁的，他列举《淮南子》谬引《文子》，认为"淮南王受诏著书，成于食时，多引文子，增损其词，谬误叠出。……则知文子胜于淮南。此十二篇必是汉人依据之本。"（《问字堂集·文子序》）

先秦古书见于《汉书·艺文志》的，如《黄帝四经》、《六韬》、《文子》之类，过去都认为是后世伪作，七十年代挖掘的西汉墓中所出古籍，证明很多是西汉初已有的古籍。1973年底，湖南长沙马王堆三号汉墓出土的《老子》乙本卷前古佚书，据唐兰先生研究考证是《汉书·艺文志》著录的先秦古籍《黄帝四经》。他从《老子》乙本卷前古佚书与其他古籍引文对照，指出好多战国中晚期的著作如《申子》、《慎子》、《管子》、《鹖冠子》、《韩非子》以及《国语·越语》等，对这本书都有引用，其中《文子》与《黄帝四经》比照相同的就有二十余处。唐先生说：《文子》中有很多内容为《淮南子》所无，也应当是先秦古籍之一。"① 今汉墓《文子》残简出，则伪托剽窃之说，不攻自破。

据定县汉墓出土的竹简，《文子》是汉初已有的先秦古籍无疑。

1973 年河北定县 40 号汉墓出土的竹简中，有多种古籍。其中《论语》是先秦古籍。由于它是儒家的重要经典，历来为人们所重视，变动也较少。但用简文和传本《论语》比较，"仍然有不少差异"，而在文字上"不同的地方就更多"。可人们不会怀疑《论语》是伪书。其中有《儒家者言》，"绝大部分内容，散见于先秦和两汉时期的一些著作中，特别在《说苑》和《孔子家语》之内，但它比这些书保存了更多的较为古老的原始资料"。② 过去人们也怀疑《说苑》是否是先秦的原始资料。《儒家者言》的发现，不但证明《说苑》保存了先秦时期的原始面目，增强了《说苑》的史料价值，而且说明先秦古籍中有这么一本书，现在称之为《儒家者言》。一般说来，随葬的古籍是死者生前所喜爱和尊贵的东西。《文子》和《论语》、《儒家者言》等同时随葬，不大可能《论语》、《儒家者言》是先秦古籍，而《文子》是抄袭《淮南子》的伪作。再则，汉武帝建元初淮南王入朝"献所作内篇（按即《淮南子》），新出，上爱秘之"(《汉书·淮南王传》)。汉武帝"爱秘之"的《淮南子》，在当时也不大可能流传。即使在汉武帝死后流传了，但在当时的条件下，流传是否能这样快。退一步说，即使《淮南子》流传了，中山王是否会将一个因谋反罪而死的淮南王的《淮南子》，作为尊贵的东西抄下来和《论语》等随葬。西汉末年，光禄大夫刘向校定群书时，还只称《淮南》，不敢称"子"。到东汉末年，高诱注《淮南子》时，"睹时人少为淮南者，惧遂凌迟"，他还只是"朝铺事毕之间"为之注释 (《淮南子叙》)。作为皇子为王的中山王，把谋反皇上而罪死的淮南王的书抄下来随葬，这在当时是不可能

---

① 唐兰：《马王堆出土《老子》乙本前古佚书的研究》，见《考古学报》1975 年第 1 期。
② 见《文物》1981 年第 8 期《定县 40 号汉墓出土竹简简介》。

的。因此，无妨这样说，既然中山王用《文子》作为随葬品，想必西汉时已有先秦古籍《文子》在流传，那么，淮南王也可能见《文子》，《淮南子》抄袭《文子》是完全可能的。

从简文《文子》与今本相同的章节来看，"凡简文中的文子，今本都改成了老子，并从答问的先生，变成了提问的学生。平王被取消，新添了一个老子。"如《文子·道德》第五章，"文子问圣智。老子曰：闻而知之圣也；见而知之智也。……"简文则为："平王曰：何谓圣智？文子曰：闻而知……"。又如第九章："文子问曰：王道有几？老子曰：一而已矣。文子曰：古有以道王者，有以兵王者，何其一也？……"而简文则为："平王曰：王者几道乎？文子曰：王者一道而已。平王曰：古者有以道王者……"（以上见《定县40号汉墓出土竹简简介》）两相比较，明显地看出这样三个问题：第一，简文的情况，完全与《汉书·艺文志》所说相同；第二，《文子》是一本西汉已有的先秦古籍；第三，《文子》先于《淮南子》，今本虽经后人篡改，但不是伪书。胡应麟所谓《文子》中"有汉后字面，而篇数屡增，则或李暹辈润益于散乱之后"，似有可能。

前已提及，宋人以来怀疑《文子》是伪书的，主要依据班固之言。孙星衍认为，《文子》书中称"周平王问"乃是托为问答，非谓其书由后人伪托。然而，《汉书·艺文志》班固自注明白，这又如何解释呢？我们认为有三种可能：一、若班固所见《文子》是"称周平王问"，那么，西汉流传的《文子》不止一个版本。从今本《文子》来看，虽经后人润益篡改，但还保留了一章，"平王问文子曰：吾闻子得道于老聃。"这也只称平王，而不称周平王。再从定县汉墓《文子》简文来看，都是平王和文子问答，也不见"周"字。因此，根据简文和今本《文子》，说班固所见是另一种版本，这只是一种设想，并不能成立。二、班固注言，或经后人增益，而成周平王问。但这也无根据。三、根据今本《文子》，证之以简文，则孙星衍所说"班固误读此书"的可能性最大。即把"平王"误认为就是"周平王"。

　　由于误解班固之言，认为《文子》是伪书，又因《文子》和《淮南子》中很多词句相同，于是说《文子》抄袭《淮南子》。我们认为，《文子》是先于《淮南子》的先秦古籍，是《淮南子》抄袭《文子》。在《淮南子》之前，已有人引《文子》或《文子》之言。

　　《文子》是先秦古籍，在战国末年，法家集大成者韩非就已看到。《文子·道原》曰："已雕已啄，还复于朴。"《韩非子·外储说左上》称："书曰：'既雕既琢，还归其朴。'"《韩非子·内储说上》说："赏誉薄而漫者下不用，赏誉厚而信者下轻死。其说在文子，称若兽鹿。""齐王问于文子曰：治国何如？对曰：夫赏罚之为道，利器也，君固握之，不可以示人。若如臣者，犹兽鹿也，唯荐草而就。"韩非明白地说其说在《文子》，并称齐王和文子问答如何治国，则韩非见到《文子》无疑。今本《文子》虽无"兽鹿"之说，但思想一致。如《文子·上义》说："法定之后，中绳者赏，缺绳者诛，虽尊贵者不轻其赏，卑贱者不重其刑。犯法者虽贤必诛，中度者虽不肖无罪，是故公道行而私欲塞也。"只要"至赏不费，至刑不滥"，就可以做到"赏一人而天趋之，罚一人而天下畏之"。这是"因民之所喜"，"因民之所憎"。在《文子》看来，犹兽鹿唯荐草而就一样，人臣归厚赏，能轻死而效命。"白刃交接，矢石若雨，而士争先者，赏信而罚明也。"（《文子·上义》）《文子》之言，分见于《淮南子》的《主术》、《氾论》、《兵略》。如加以对照，则可见《淮南子》抄袭《文子》而增益事例、润色其辞而失其义者。

　　西汉吴王郎中枚乘书谏吴王刘濞说：扬汤止沸，不如绝薪止火，"不绝之于彼，而救之于此，譬犹抱薪而救火也"。枚乘之言，见于《文子·上礼》："故扬汤止沸，沸乃益甚，知其本者，去火而已。"《文子·精诚》："不治其本而救之于末，无以异于凿渠而止水，抱薪而救火。"此言见引于《淮南子·精神训》和《主术训》："不直之于本，而事之于末，譬犹扬堁而弭尘，抱薪以救火也。"《文选》枚乘《上书谏吴王》李善注引《文子》同《精诚》。谏书又说："祸生有胎"，如果"绝其胎，祸何自来？"他举例说："夫铢铢而称之，至石必差，寸寸而度之，至丈必过。石称丈量，径而寡失。"(《汉书·枚乘传》）枚乘之言，见于《文子·上仁》："寸而度之，至丈必差，铢而解之，至石必过。石称丈量，径而寡失。大较易为智，曲辩难为慧。故无益于治，有益于乱者，圣人不为也；无益于用，有益于费者，智者不行也。"《文选》枚乘《上书谏吴王》李善注引《文子》，除"解"字为"称"字，及加虚词"也"字外，均同《文子·上仁》。此言见引于《淮南子·泰族训》，除在"径而寡失"后增"简丝数米，烦而不察"外，又改"治""乱"为"治""烦"为"无益于治，而有益于烦者"。治乱对文，可见《淮南子》抄袭之误。

《文子·道德》中，平王和文子问答"王者之道"，今本篡改为文子和老子问答。其中讲到用兵有五："有义兵，有应兵，有忿兵，有贪兵，有骄兵。诛暴救弱谓之义，敌来加己，不得已而用之谓之应，争小故不胜其心谓之忿，利人土地，欲人财货谓之贪，恃其国家之大，矜其人民之众，欲见贤于敌国者谓之骄。义兵王，应兵胜，忿兵败，贪兵死，骄兵灭。此天道也。"1973年长沙马王堆汉墓出土的帛书《老子》乙本卷前古佚书中，《十大经·本伐》也说："世兵道三：有为利者，有为义者，有行忿者。"并解释说："所谓为义者，伐乱禁暴，起贤废不肖，所谓义也。义者，众之所死也。"(《马王堆汉墓帛书（壹）》)据唐兰考证，《十大经》是先秦古籍，为《黄帝四经》之一。[1]春秋战国时诸侯称霸兼并，战争频繁，如何王天下，讲究兵道是很自然的。《十大经》和《文子》与《墨子》不同，不是笼统地"非攻"，而讲"义兵""忿兵"，认为义兵伐乱诛暴，是符合道的。所以众之所死，义兵者王。而忿兵非道，所以忿兵败。可见《文子》和《十大经》一样，同是先秦古籍。《文子》的五兵之说，不见

---

[1] 唐兰：《马王堆出土〈老子〉乙本卷前古佚书的研究》，见《考古学报》1975年第1期。

《淮南子》，但见于《汉书·魏相传》。西汉元康（公元前65—62年）中，魏相上书谏称："臣闻之，救乱诛暴，谓之义兵，兵义者王；敌加于己，不得已而起者，谓之应兵，兵应者胜；争恨小故，不忍愤怒者，谓之忿兵，兵忿者败；利人土地货宝者谓之贪兵，兵贪者破；恃国家之大，矜民人之众，欲见威于敌者，谓之骄兵，兵骄者灭；此五者，非但人事，乃天道也。"所言五兵，明显地看出是抄引《文子》的。在魏相谏书的后面，又引"军旅之后，必有凶年"。唐颜师古注说："此引老子道经之言。"但仔细考察，就会发现颜师古注误。因其所本《老子》是经后人增益过的。魏相所引，并非《老子》，而是本《文子》。检今传王弼《老子》注本上篇（即道经）第三十章有："师之所处，荆棘生焉，大军之后，必有凶年。"王弼注说："言师凶害之物也，无有所济，必有所伤，贼害人民，残荒田亩，故曰荆棘生焉。"只注前两句，不提后两句，是知《老子》本无"大军之后，必有凶年"两句。这样说是否有根据呢？我们认为，除王弼注就是根据外，《老子》景龙、敦煌与道藏龙兴碑等本，也无此两句是其证。1973年马王堆汉墓出土的帛书《老子》甲、乙两本，都没有这两句，就更是确证。所以说颜师古注误，是说他所本《老子》是经过后人增益的。在唐代这两句话已篡入《老子》正文。陆德明《老子道经音义》出"凶年"曰："天应恶气，灾害五谷，尽伤人也。"《春秋公羊传》定公五年徐彦疏："老子曰，大兵之后，必有凶年。"所以颜师古注也说，"此引老子道经之言。"那么，魏相所引何由？应该说和"五兵"一样，同是引自《文子》。在《文子·微明》中有："起师十万，日费千金，师旅之后，必有凶年。故兵者不祥之器，非君子之器也。"如果颜师古原其本，则应注为："此引《文子》之言"，或为"此引《文子》老子之言"。因为在后人篡改过的《文子》中，文子之言都成了"老子曰"。

《文子》中的"五兵"之言和"军旅之后，必有凶年"，虽不见引于《淮南子》，但不能说明《淮南子》不是抄袭《文子》。相反，反倒可以证明。《汉书·严助传》记载，西汉武帝建元六年，闽越复兴兵击南越，武帝准备兴兵，淮南王刘安上谏书，其中说，"臣闻军旅之后，必有凶年，……此老子所谓师之所处，荆棘生之者也。"这里，颜师古对老子所谓也有注说："老子道经之言也。师旅行，必杀伤士众，侵暴田亩，故致荒残而生荆棘也。"由此可以看出这样三个问题：第一，颜师古指出是《老子》道经之言，其注则本王弼。而他在《魏相传》注中，只是根据经后人增益过的《老子》，指出"此引老子道经之言"，而没有加以解释，这不是偶然的。因为西汉时《老子》并无"军旅之后，必有凶年"。《汉书》所记也甚明，而且无王弼注可循。这不但说明颜师古注没有原本，而且说明魏相所引是本于《文子》。第二，淮南王刘安明确指出，"师之所处，荆棘生之者也"，是老子的话，他没有说"军旅之后，必有凶年"也是老子的话。因为他知道这两句不是老子之言，而称"臣闻"，当有所见。查其见闻，出于《文子》。第三，淮南王刘安前称"臣闻"，后说"此老子所谓"，则《文子》和《老子》一样，都是在《淮南子》前已有的先秦古籍。他上谏书与献《淮南子》，时间相隔无几，既能在谏书中引《文子》的话，为什么不能在《淮南子》中抄袭《文子》呢？而且《淮南子》本来就是非循一迹一路，守一偶之指，而是广罗诸家之说，加以发挥，则其取《文子》宜也。因此，《淮南子》和《文子》很多词句相同，恰正好说明是《淮南子》抄袭《文子》。

从《文子》和《淮南子》同引《老子》看，《文子》接近古本。

《文子·道原》引老子之言说，"故道可道，非常道也；名可名，非常名也。……多闻数穷，不如守中。"《淮南子》语在《道应》篇。除无虚词"也"外，下文作"多言数穷，不如守中"。与世传王弼注本相同。而帛书《老子》甲、乙两本都作："多闻数穷，不若守于中。"可见《文子》所引同帛书本，古于《淮南子》所引。老子以水喻道，《文子》直喻水为道。《道原》说："天下莫柔弱于水，水为道也，……故曰：天下之至柔，驰骋天下之至坚，无有入于无间。"所言老子之言，与帛书《老子》相同。《淮南子·原道》引作："天下之物，莫柔弱于水，……故老聃之言曰：天下至柔，驰骋天下之至坚，出于无有，入于无间。"不仅字有增脱，而且改变老子本义，成为"出于无有，入于无间"。可见《淮南子》抄袭篡改之误。又如《文子·精诚》引老子之言说，"故不出于户，以知天下，不窥于牖，以知天道。其出弥远，其知弥少。此言精诚发于内，神气动于天也。"所引与帛书《老子》及《韩非子·喻老》和《吕氏春秋·君守》所引相同。《文子》的这段话见于《淮南子·道应》，但改"知天道"为"见天道"，这种文饰不符合老子本义。也许有人会说，王弼《老子》注传本，不是也作"见天道"吗？但细读王注就可以知道，王弼《老子》注本的"见天道"，或为后人据《淮南子》而改。因为王弼注说："故不出户窥牖而可知也。"可见原为"知天下"、"知天道"甚明。因此，从《文子》和《淮南子》同引《老子》之言，《文子》比《淮南子》更接近古本来看，《文子》先于《淮南子》，只能是后者抄袭前者。

说《淮南子》抄《文子》，还可以从其误抄篡改而失其义可证。

王念孙《读书杂志》指出，《文子·上礼》："外束其形，内愁其德。"《淮南子·精神》误抄"愁"为"总"，则失其义。"愁"与"摰"同，《说文》："摰，束也。外束其形，内摰其德，其义相一。"又《文子·下德》："神明藏于无形，精气反于真。"《淮南子·本经》误抄"精气"为"精神"，则失其义。精神与神明意义重复，当为精气反于身。故高诱注曰："真，身也。"孙星衍《问字堂集·文子序》指出，《文子·道原》："摄汝知，正汝度，神将来舍，德将为汝容，道将为汝居。"而《淮南子·道应》误作："摄女知，正女度，神将舍，德将来附若美，而道将为女居。"这里"舍""容""居"，皆容受之意，《淮南子》误读"容"为"容色"，而作"若美"，这就失其本义。《文子·道德》："君数易法，国数易君，人以其位达其好憎，下之任惧，不可胜理，故君失一其乱甚于无君也。"其本义是说人君应守道德，不妄以好恶，如以好恶，赏罚不当，下吏就惧而刑罚滥，故不可胜理。而《淮南子·诠言》误读"任惧"为"径衢"，就与原义不同了。又《文子·符言》："妄为要中，功成不足以塞责，事败足以灭身。"而《淮南子·诠言》增"不"字，作"事败不足以敝身"，其义正相反。

除前人已指出《淮南子》抄引《文子》失其义者外，还有很多篡改而自相矛盾的。如《文子·符言》："圣人不胜其心，众人不胜其欲。"《淮南子·诠言》误改为："圣人胜心，众人胜欲。"文子本来是说欲与性不可两立，圣人内便于性，外合于义，损欲从性，心为之制，众人不胜其欲，所以是小人。《淮南子》说"众人胜欲"，那么，众人胜于圣人，就没有君子小人之别了。又如《文子·自然》："王道者，处无为之事，行不言之教，……言无文章，行无仪表，进退应时，动静循理。"这本来是道家的思想，而《淮南子·主术》改作："人主之术，处无为之事，而行不言之教，……言为文章，行为仪表于天下，进退应时，动静循理。"这不仅不符合道家思想，而且"言为文章，行为仪表于天下"，与"处无为之事，而行不言之教"相矛盾。因此，从《淮南子》误抄和篡改而失其本义和自相矛盾中，可以证明是抄《文子》。

此外，说《淮南子》抄袭《文子》，还可以从其抄袭脱漏，由注家补出来证明。《文子·上仁》说："故善建者不拔，言建之无形也。唯神化者，物莫能胜。中欲不出谓之扃，外邪不入谓之闭。中扃外闭，何事不节，外闭中扃，何事不成。"而《淮南子·主术》作："故善建者不拔。夫火热而水灭之，金刚而火销之，木强而斧伐之，水流而上过之。唯造化者，物莫能胜也。故中欲不出谓之扃，外邪不入谓之塞。中扃外闭，何事之不节，外闭中扃，何事之不成。"两相对照，可以看出《淮南子》抄袭时，有脱，有益，也有改。其中，在"善建者不拔"下，脱"言建之无形也"一句。然而高诱注出"言建之无形也"。这分明是高诱看到《淮南子》脱这一句，而以注的形式补出。

如果说《文子》抄《淮南子》，那么，还应说是抄东汉末年高诱的注。然而这是不能成立的。因为不但韩非见《文子》，而且西汉也有人包括刘安引《文子》之言，在高诱之前的王充也称道文子，高诱以注补《淮南子》所脱，是很自然的。《淮南子》改"外邪不入谓之闭"的"闭"为"塞"，其义则失。这一点，清人庄逵吉校刊时也已指出："按《吕览》作外欲不入谓之闭，据下中扃外闭云云，则此句疑当如《吕览》。"也就是说，应当作"闭"，不应作"塞"。《吕氏春秋·君守》与《文子》均作"闭"，这进一步说明，《文子》之言与先秦著作思想一致。

陶方琦曾以今本《文子》内容比较庞杂，认为不是《汉书·艺文志》列为道家的《文子》，而说"《文子》非古书"。他并说《文子》虽冠以"老子曰"，中间有"故曰"，实引《淮南子》作为老子的话，把《淮南子》作为战国时人问答的，也作为老子的话，因此认为《文子》是抄《淮南子》（见《汉孳室文钞》）。钱熙祚《文子校勘记》云，《文子》出《淮南子》者十之九。但他又不得不承认这样一个事实：间有《淮南子》误而《文子》不误者。姚振宗肯定钱氏之校勘，认为《文子》是剿窃。汉墓《文子》残简出，则《文子》抄袭、剿窃《淮南子》之说，不攻而自破。从简文证明，今本《文子》经后人篡改，凡文子都改成了老子。因此，"老子曰"实为"文子曰"，说《文子》引《淮南子》语作为老子语的说法就错了。《淮南子》引《文子》的话而不冠"文子曰"。其引战国时人问答的话，也正是文子的话，这就不足为怪，而且是合情合理。那么，说《文子》十之九取《淮南子》的说法也错了，正好说明《文子》十之九被《淮南子》抄袭了。如果以《文子》内容较杂，与道家《文子》不同，而定"《文子》非古书"，就更没有道理。我们知道，道家《庄子》和《老子》不同，所以《庄子》之为《庄子》，否则就不是《庄子》了。如果《文子》和《老子》或《庄子》相同，那么它也不成其为《文子》了。不能以道家《老子》排斥仁义礼法，而《文子》讲仁义礼法，就认为不是道家《文子》。《文子》之为《文子》，自有它的特色。须知春秋战国时的百家争鸣，本来就存在着相互吸收的问题。《文子》内容庞杂，这正是哲学史要研究的课题。

综上所说，《文子》是西汉时已有的先秦古籍，它先于《淮南子》。《文子》虽经后人篡改润益，但不是伪书，可以作为研究文子思想的主要资料。

二、文子的"道"

文子，姓文，尊称子。佚其名字并国籍。楚平王时人。老子弟子。又尝问学于卜商子夏与墨子。刘向《别录》云："墨子书有文子，文子，子夏之弟子，问于墨子。"大概是一位学无常师者。其学虽各有所受，然经其炉鞴冶化，遂别生新义，乃过所承。世称文子勤学厘颜，故得道尤高，而卒归本于老子。王充曾称："老子、文子，似天地者也。"（《论衡·自然》）其崇尚如此。道既通，初游楚，与楚平王问答；后至齐，齐王问"治国何如"？文子纵谈道德仁义礼法，其言在《文子》。然其生前既不能行其道，生后又不簿其事，并其名字国籍而亦佚之，惜已。

《四库全书提要》因《史记·货殖列传》有范蠡师计然语，又因裴骃《史记集解》有计然姓辛，字文子，其先晋国公子语。北魏李暹作《文子注》，遂以计然文子合为一人，谬之甚矣。清人江瑔《读子卮言》说："古人称某子者，其例有二：一为合姓而称之，某姓即称某子，如孔子、庄子之类是也；一为于名字之外，别以一己学问之宗旨或性情之嗜好，署为一号，以示别于他人，亦称某子，如老子、鹖冠子之类是也。二者之中，以前者为通称。古未有字为某子者。义子道家，崇朴，亦无自号文子之理，故文子之文必为姓。"此言诚是。然江氏认为文子即是文种，则非也。或谓韩非称"齐王问于文子"，此文子与齐王同时，齐国君称王，始于战国齐威王，而齐臣称文子者，有齐湣王时孟尝君田文。因此认为，韩非称齐王即齐湣王，文子当指战国时之田文。亦非也。王为当时或后人对君之泛称。例如赵至武灵王始有王称，然其父肃侯，《战国策》称为王曰："（苏秦）于是乃摩燕乌集阙见说赵王于华屋之下，抵掌而谈。赵王大悦，封为武安君。"（《秦策》一）又燕至易王始称王，然《战国策·燕策》记载苏秦说易王父燕文侯："燕王曰，寡人国小……"此皆其证。因此，韩非称齐王，非必齐威王、齐湣王之属。其实，《韩非子》本书就有证。《外储说》左上："齐桓公好服紫"，下录"齐王好衣紫"。这个齐王就是齐桓公。韩非这里称齐桓公为齐王，为什么《内储说》上不能称齐景公为齐王呢？班固说文子"与孔子并时"，则此齐王为齐景公的可能极大。《论语》记载齐景公问政于孔子，《韩非子》记载齐王问于文子治国何如？此亦理顺成章。故文子当为楚平王时人。清人梁玉绳《汉书人表考》云，《困学记闻》辩文子非周平王时人，检《文子·道德》平王问一条无"周"字，末云，寡人敬闻命，其非周平王甚审。《文献通考》引《周氏涉笔》以为楚平王，极确。《文子·上仁》有王良，更足证文子为楚平王时人。

东汉哲学家王充在讲到孔子和颜渊的师生关系时，曾况以老子和文子说："似天地者也。"（《论衡·自然》）文子是老子的弟子，他解说老子之言，阐发老子思想，继承和发展了道家"道"的学说。"道"作为一个哲学范畴，是老子首先提出的。它不但是道家的基本问题，而且影响着整个中国哲学史。《文子》首篇《道原》，就开宗明义地解释老子"有物混成，先天地生"的"道"说："夫道者，高不可极，深不可测，苞裹天地，禀受无形，原流泏泏，冲而不盈，浊以静之徐清，施之无穷，无所朝夕，表之不盈一握，约而能张，幽而能明，柔而能刚，含阴吐阳，而章三光；山以之高，渊以之深，兽以之走，鸟以之飞，麟以之游，凤以之翔，星历以之行；以亡取存，以卑取尊，以退取先。"文子的"道"，不仅是物之所道，而且引向人事，也是人之所由。

文子认为，道是万物的本原。"天地未形，窈窈冥冥，浑而为一，寂然清澄，重浊为地，精微为天，离而为四时，分而为阴阳，精气为人，粗气为虫，刚柔相成，万物乃生。"(《文子·九守》，以下只出注篇名）这里窈冥浑一的东西，就是包含阴阳的气，也就是《老子》十四章所说"混而为一"的东西，二十五章"有物混成，先天地生"的"道"。它看不见，听不到，摸不着，浑沌无形，恍恍惚惚。所以老子说它是"无状之状"，是谓"惚恍"。但"惚恍"和"混成"的概念一样，比较含混，老子却又说不清楚，有时就用"无形"、"无状"或"无"来描绘。这就给后来唯心主义地解释"道"开了门。文子则明确地说，浑而为一的道，含阴吐阳，分而为阴阳的气，"道者，所谓无状之状也"(《微明》)。它又叫作"一"，"无形者，一之谓也"。(《道原》)"一也者，无适之道也，万物之本也"(《道德》)认为万物都是从这里产生的。

在天地万物的始初，道处于浑沌的状态，是人们的感官所感觉不到，但又是被感官所感知的万物之所产生的原始材料。这是先秦道家的共同认识。《黄帝四经·道原》说："恒无之初，迥同太虚。虚同为一，恒一而止。"天地未形时的"太虚"和"一"是同一的，万物得之以生，百事得之以成，"人皆以之，莫知其名，人皆用之，莫见其刑（形）。一者，其号也"。为什么把"道"别号为"一"呢？因为一者，万物之所以从始也，它是万物之本。故《黄帝四经十大经·本伐》说："一者，道其本也。"稷下道家也说："虚而（本作无，据王念孙校改）无形谓之道"，"道也者，动不见其形，施不见其德，万物皆以得然"。(《管子·心术上》)先秦道家把浑沌无形的道，称作"虚"或"无"，并不是说它是绝对的虚无，而是说它浑沌不清，有形可见的实物是从它产生的。这就是老子所谓："天下万物生于有，有生于无。"(《第四十章》)文子所谓"无形者，一之谓也。一者，无止合于天下也。布德不溉，用之不勤，视之不见，听之不闻，无形而有形生焉，……故有生于无，实出于虚。"(《道原》)虚道是实物的太祖，"无"是"有"的本体。

在文子那里，视之不见其形，听之不闻其声，窈窈冥冥的道，是不是精神性的本体呢？不是的。"幽冥者，所以论道，而非道也。"（《上德》）说它虚、无或幽冥，其实也就是"气"。他认为无状之状的道，"天地之间可陶冶而变化也"（《微明》）。是什么东西陶冶变化呢？他说："阴阳陶冶万物，皆乘一气而生。"（《下德》）可见，文子的"道"是"气"。为了强调它的无形和贯通一切，因而称它为"无"，为了强调天地万物由此而生，因而称它为"一"。它在陶冶万物的过程中，包含阴阳的气即"一"，分而为阴阳，重浊的阴气下滞为地，轻清的阳气上升为天；离而为四时，精气为人，粗气为虫，阴阳刚柔，相反相成，万物乃生。"故曰：（按《道藏》七卷本有'故曰'）道生一，一生二，二生三，三生万物。万物负阴而抱阳，冲气以为和。"（《九守》）道是无形的实体气，是构成万物的本原。所以《道原》篇说："含阴吐阳，而章三光，山以之高，渊以之深，兽以之走，鸟以之飞，麟以之游，凤以之翔，星历以之行。"这种思想，稷下道家也相类。《管子·内业》说："凡道，无根无茎，无叶无荣，万物以生，万物以成，命之曰道。"又说："凡物之精，此则为生，下生五谷，上为列星，流于天地之间，谓之鬼神，藏于胸中，谓之圣人，是故民（名）气。杲乎如登于天，杳乎如入于渊，淖乎如在于海，卒乎如在于己。是故此气也，……不见其形，不闻其声，而序其成，谓之道。"稷下道家和文子一样，也认为"道"就是"气"，并认为无论是物质现象，还是精神现象，都是气的变化的结果。所以又说，"化不易气"。

文子的"道"是天地万物之始，这不只是从实体上说的，道还包含有规律的意思。文子说："道者，物之所道也。"（《微明》）道是阴阳陶冶而变化万物的必由之路。因为道生万物，"理于阴阳，化为四时……与时往来，法度有常。"（《自然》）道是气，而气的运动变化有一定的次序，这就是阴阳对立的两个方面，既是互涵的，又是相互转化的。他说："阳中有阴，阴中有阳。"（《微明》）"阳气盛变为阴，阴气盛变为阳。"(《上德》)阴阳各自向相反的方面变化，构成道自身的恒常的运动，所谓"反者道之常也"(《道原》)。从道是物质实体"气"来说，"阴阳和，万物生矣"(《精诚》)。从道是规律性来说，"刚柔相成，万物乃生"(《九守》)。文子的道的这两方面的意义，到战国末期的韩非做了更明确的说明。他说："道者，万物之所然也，万理之所稽也。理者，成物之文也。道者，万物之所以成也。"(《韩非子·解老》)道家老子并没有明确说"道"是气或是规律，文子对"道"的理解和说明，是韩非对老子关于"道"的理论的发展中的重要环节。

文子的"道"有哪些特性呢？文子认为，道具有普遍性和连续性。他说："道至高无上，至深无下，平乎准，直乎绳，圆乎规，方乎矩，包裹天地而无表里，洞同覆盖而无所碍。"(《符言》)这说明道无所不在，贯通一切，无论大小、方圆的东西，都是道所构成的。这里所谓无表里，就是说道"至大者无度量"，"至微甚内"(《自然》)。"至大"就是"无外之外"，"至微"就是"无内之内"(《九守》)，所谓无度量，无所碍。故文子又说："万物变化，合于一道。……至微无形，天地之始，万物同于道而殊形。至微无物，故能周恤。至大无外，故为万物盖；至细无内，故为万物贵。"(《自然》)这与《黄帝四经·道原》所说的"天弗能覆，地弗能载，小以成小，大以成大，盈四海之内，又包其外"，以及《管子·心术》所说的"道在天地之间，其大无外，其小无内"，是一个意思。文子认为，道不但具有至高无上、至深无下的绝对性，而且具有无限性。他说："大常之道，生物而不有，成化而不宰，万物恃之而生，莫之知德，恃之而死，莫之能怨，收藏畜积而不加富，布施禀受而不益贫，忽兮恍兮不可为象兮，恍兮忽兮用不诎兮，窈兮冥兮应化无形兮，遂兮通兮不虚动兮，与刚柔卷舒兮，与阴阳俯仰兮。"(《道原》)道无意识无目的，蓄积不完，施用不尽，恍惚窈冥，无形无象，在时间和空间上都是无限的。所以《道原》概括说："夫道者，高不可极，深不可测，苞裹天地，禀受无形，原流泏泏，冲而不盈，……施之无穷，无所朝夕"。

道家喜欢以水喻道，文子也说："水为道也，广不可极，深不可测，长极无穷，远沦无涯，息耗减益，过于不訾，上天为雨露，下地为润泽，万物不得不生，百事不得不成，大苞群生而无私好，泽及蚑蛲而不求报，富赡天下而不既，德施百姓而不费，行不可得而穷极，微不可得而把握，击之不创，刺之不伤，斩之不断，灼之不熏，淖约流循而不可靡散，利贯金石，强沦天下，有余不足，任天下取与，禀受万物而无所先后，无私无公，与天地洪同，是谓至德。"（《道原》）文子认为，水德与道相符，他以水喻道，不但概括了"道"的上述特性，而且道出了道"无为"的基本属性。即道对由它产生的各种事物不是有意志的主宰，而是任其自然。正因为道具备"无为"的属性，所以能成为物之所道。"天致其高，地致其厚，日月照，列星朗，阴阳和，非有为焉，正其道而物自然。"（《精诚》）所谓正其道，就是"道正在于刚柔之间"，即阴阳陶冶万物，"化与成必得和之精"。因为天地之气，莫大于和，"和者阴阳调"，故积阳不生，积阴不化，"阴阳交接，乃能成和"（《上仁》）。也就是说，是道自身的矛盾统一生化万物，这是无为而自然的。文子在解释"大道无为"时说，无为则无有，无有不是什么都没有，"无有者，不居也。不居者，即处无形。……无形者，视之不见，听之不闻，是谓微妙，是谓至神，绵绵若存，是谓天地根"。道这种自然而然的产生天地万物，老子称之为"妙"，文子称之为"微妙"，如果"强为之形，以一句为名，天地之道"（《精诚》）。

文子提出"圣人所由曰道"。（《上义》）"道"也是一个好的统治者的必由之路，统治者要能很好地进行统治，就要修己而体道。文子说："夫道，无为无形，内以修身，外以治人，功成事立，与天为邻，无为而无不为。"（《道德》）统治者为什么要修道？因为治国之本，"在于治身"。没有"身治而国乱"，或者"身乱而国治"者，只有"修之身，其德乃真"（《上仁》）。道之所以奥妙，不是言论可及，也不是父子可以相传的，要你修己而体道，然后才能"循道行德"。在为政治人时，"御之以道，养之以德"，人民就能归服，建其功业。所以，"道之与人，无所不宜也。夫道者，小行之小得福，大行之大得福，尽行之天下服，服则怀之。故帝者，天下之适也，王者，天下之往也，天下不适不往，不可谓帝王。"相反，"失道者，奢泰骄佚，慢倨矜傲，见餘自显自明，执雄坚强，作难结怨，为兵主，为乱首。小人行之，身受大殃，大人行之，国家灭亡。……夫罪莫大于无道，怨莫深于无德，天道然也。"(《道德》)

道无为而无不为，统治者循道，也要实行无为而治。文子提出："无为者，治之常也。"无为而治，不是什么事都不干，并非无所作为。他说："所谓无为者，非谓其引之不来，推之不去，迫而不应，感而不动，坚滞而不流，卷握而不散。谓其私志不入公道，嗜欲不挂正术，循理而举事，因资而立功，推自然之势，曲故不得容，事成而身不伐，功立而名不有。"(《自然》) 所谓无为，就是不以主观的成见和好恶而妨害道。也就是《道原》篇所说："所谓无为者，不先物为也。无治者，不易自然也；无不治者，因物之相然也。"根据无为而无不为的原则，达到无治而无不治的目的，所以文子说："执道以御民者，事来而循之，物动而因之，万物之化无不应也，百事之变无不耦也。"

文子从唯物主义观点对道作了比较明确的阐发，在中国哲学史中是一大贡献，它影响到荀子、韩非以及王充对老子"道"的理解。

三、文子在哲学史中的地位

继承和发展老子"道"的学说的，在其门人中，以庚桑楚和文子最为著名。《庄子·庚桑楚》说："老聃之役，有庚桑楚者，偏得老聃之道。"《文子·道德》记载："平王问文子曰：吾闻子得道老聃。"由于老子对"道"讲得含混不清，所以后来对"道"的理解，也各不相同。《抱朴子·至理》说："夫道之妙者，不可尽书，而其近者，又不足说。昔庚桑胼胝，文子厝颜，勤苦弥久，及受大诀，谅有以也。"庚桑楚和文子，刻苦勤学，时间弥久，各得道的奥妙，都是有根据的。但他们各自向不同的方向发挥，从哲学史看，分成唯物和唯心两大派别。

庚桑楚这派，实际上就是庄子学派，所以庄子称赞他"偏得老聃之道"。这一派道家，抓住老子的"道"既有物质实体，又有规律意义的含糊不清和不完整性，从而否定道的物质性。他们认为，如果说道是浑沌未分的物质，那么，它仍然是"物"，在它之前就还应该有一个什么东西，使它成为这个"物"，"犹其有物也，犹其有物也，无已。"（《庄子·知北游》）这样推论下去，就没有止境。他们认为，"物出不得先物"，产生物的"道"，它就不应该是"物"。所以结论是"物物者非物"。（《庄子·知北游》）既然"道"是"非物"，那么"道"就是"无有"。"万物出乎无有，有不能以有为有，必出乎无有。而无有一无有，圣人藏乎是。"（《庄子·庚桑楚》）无有一无有，是绝对的"无"，道就成了空洞的概念，导致对物质的否定。这一派道家，企图把"道"抽象为一般，这在人类认识的途径上，虽然是前进了一步，但他们不懂得一般与具体的关系。认为事物都是从道产生出来的，对局部事物来说是形成了，但对道的整体来说是亏损了，最好保全道的完整独立性。《庄子·齐物论》自问自答地说："道恶乎隐而有真伪?"曰："道隐于小成。""其分也，成也；其成也，毁也。"他举了一个鼓琴的例子说："有成与亏，故昭氏之鼓琴也；无成与亏，故昭氏之不鼓琴也。"郭象的注解，深得其要，他说："夫声不可胜举也，故吹管操弦，虽有繁手，遗声多矣。而执龠鸣弦者，欲以彰声也，彰声而声遗，不彰声而声全。故欲成而亏之者，昭文之鼓琴也，不成而无亏者，昭文之不鼓琴也。"因此，他们认为，既然普遍性的道包括一切，它就不应该存在于局部的事物中，从而割裂了一般与具体的关系，把道看作超于一切物之外的独立存在的实体。这一派道家，后经汉魏的何晏、王弼等人加以发挥，从唯心主义观点理解老子的"道"。何晏说："夫道者，惟无所有者也。"(《列子·仲尼》张湛注引《无名论》)王弼说："道者，无之称也。无不通也，无不由也，况之曰道，寂然无体，不可为象。是道不可体，故但志慕而已。"(邢昺《论语注疏》引《论唐释疑》)何晏、王弼祖述老、庄，实际上是沿着庄子这条线进一步发挥老子。王弼就说，老子之书，可以一言以蔽之，"崇本息末而已矣"(《老子指略》)。他们认为，"天地万物皆以无为本。无也者，开物成务，无往而不存者也。"(《晋书·王弼传》)他们的唯心主义观点，对后世的影响很大。

文子这一派，是从唯物主义观点继承和发展老子道的学说。并在百家争鸣中，吸收了其他学派的思想，在道的思想中，融合了仁义礼法兵等思想。以稷下道家、荀子、韩非，以及两汉的贾谊、王充为代表的唯物主义者，就是沿着文子这条线去理解和发挥老子的。战国中期兴起到汉初盛行的黄老之学，则渊源于文子，所以自称"虽违儒家之说"，而"合黄老之义"的王充称赞说："老子、文子，似天地者也。"(《论衡·自然》)在哲学发展史中，文子继老子之后，其作用和地位是重要的。

首先，老子讲"道"和"德"，但不讲"理"。文子则均有论述。

文子认为，"道"是一般规律，"理"是具体规律。道产生万物，"万物同情而异形"(《自然》)，不同的事物就各有其"理"，"故阴阳四时，金木水火土，同道而异理"(《自然》)。因此，天有"天理"，又时也叫"天道"，地有"地理"，社会有"人理"，有时也叫"人道"，事有"事理"。他要求人们"循理而举事"(《自然》)，"举事而顺道"(《微明》)，"动静顺理"，"循理而动"(《符言》)。这样也就是"循自然之道"(《下德》)。能得自然之道，"万举而不失矣"(《上义》)。《黄帝四经》也很注重讲"理"。《经法·论》说："物各合于道者，谓之理。理之所在，谓之顺。物有不合于道者，谓之失理。失理之所在，谓之逆。"因此专立《名理》一篇，要人们"审察名理"，"循名究理"。这样就可以"万举不失理，论天下而无遗策"(《经法·论约》)。文子和《黄帝四经》都从老子的比较抽象的"道",化为比较具体的道(理),进而研究社会人事。

但是,文子和《黄帝四经》还有不同,前者侧重讲"道理",后者侧重讲"名理"。《黄帝四经》认为,社会之理就是"法",提出"道生法。法者,引得失以绳,而明曲直者也"。明曲直得失的办法就是审察"刑名"。他说:"刑名立,则黑白之分已。"(《经法·道法》)法家与此有直接的联系,讲究"刑名法术"。文子虽然也认为理就是"法",他说"理治",皋陶为"大理"。但他不讲"刑名",而是讲"循道理之数,因天地之然"(《道原》)。认为王者"以道莅天下,柔弱微妙者,见小也,俭啬损缺者,见少也。见小故能成其大,见少故能成其美"(《九守》)。因此,文子强调治国在于治身,"修之身然后治民","理治然后可移官长"。(《微明》)稷下道家与此比较接近,《管子·心术》讲"静因之道",主张修"心",因道应物。认为"心处其道,九窍循理","心安是国安也,心治是国治也"。所以文子和稷下道家都讲究"心术"。

老子讲"道"和"德",但对两者关系说得不明确。他说:"道生之而德畜之,物形之而器成之,是以万物尊道而贵德。"(《老子》五十一章)又说:"失道而后德"(《老子》三十八章),这就引起误解。文子讲"道"和"德"的关系,说得比较明确。他说:"物生者道也,长者德也。"(《道德》)什么是长呢?他说:"畜之、养之、遂之、长之、兼利无择,与天地合,此之谓德。"(《道德》)道是构成万物的原始材料,德是万物各得于道的一部分,畜养成长为具体的事物。一切事物都有所得于道,都各有其德。道对德来说,"夫道者,德之元。……万物得之而生,得之而成。"(《道德》)德对道来说,"道散而为德"(《精诚》)。道是整体,德是部分,是整体和部分、一般和具体的关系。道与德是"同情而异形","同道而异理"(《自然》)。文子认为,一般性的道,并不是脱离具体事物的性质(德)而独立存在,它是属于万物之中。他把道和德的关系作了一个譬喻说:"夫道之与德，若韦之与革。"(《精诚》) 道是材料，德是此材料的成品。因此，"德之中有道，道之中有德"如同"阳中有阴，阴中有阳，万事尽然"(《微明》)。道德互含，它们之间不能分割，正如阴阳渗透，其本质是一气。在事物的形成和发展过程中，道和德是基本的。没有道，万物无所从出，没有德，万物也就没有自己的性质。所以文子把老子的"尊道而贵德"合起来讲，经常称之为"道德"。并将其推广到社会人事，认为"非道德无以治天下。……夫道德者，所以相养也，所以相畜长也。"(《道德》)

稷下道家进一步阐发了"道"和"德"的关系，认为两者在本质上是同一的。《管子·心术上》说："虚而无形谓之道，化育万物谓之德。"道是虚而无形的"气"，它"遍流万物而不变"，它可以成为任何的东西，但本质还是气。"德者道之舍，物得以生。""故德者，得也。得也者，其谓所得以然也。"因此，从"舍之之谓德"来说，德是道的一部分，它和道在本质上是相同的。"故道之与德无间，故言之者不别也。"

荀子的学生韩非，吸取了文子和稷下道家的思想，对"道"和"德"解释说："夫道者，弘大而无形。德者，核理而普至。至于群生，斟酌用之，万物皆盛，而不与其宁。"(《韩非子·扬权》) 而且认为"道"一般存在于具体中，而又不同于具体事物。他说："道者，下周于事，因稽而命，与时生死，参名异事，通一同情。故曰：道不同于万物。"(《韩非子·扬权》) 荀子的再传弟子贾谊，是汉初著名的哲学家。他有一篇重要的哲学著作《道德论》，对"道"和"德"作了概括说明。他说："物所道始谓之道，所得以生谓之德。德之有也，以道为本。……德生于道而有理，守理则合于道。"又说："道者无形，平和而神。……德者，离无而之有。"道是无形，德是从无形到有形，如同水和冰的关系一样，"道，冰凝而为德，神载于德。德者，道之泽也。道虽神，必载于德。"(《贾谊集》) 从老子的道和德，发展到道必载于德，将一般寓于具体之中的过程中，文子是一个重要的环节。

　　其次，老子讲道德，排斥仁义礼法，文子则兼而讲之。

　　老子说："失道而后德，失德而后仁，失仁而后义，失义而后礼。夫礼者，忠信之薄，而乱之首也。"（《老子》三十八章）文子认为，仁义礼法都是属于道，不过在程度上和作用上不同而已。他说："古之为道者，深行之，谓之道德，浅行之，谓之仁义，薄行之，谓之礼智。此六者，国之纲维也。深行之则厚得福，浅行之则薄得福，尽行之天下服。古者修道德即正天下，修仁义即正一国，修礼智即正一乡。"（《上仁》）什么是道德仁义礼呢？文子说："物生者道也，长者德也，爱者仁也，正者义也，敬者礼也。"（《道德》）他认为，善为政者，也要像道那样，畜养遂长，无为无私，泽滋万物，这就是"德"。而仁义是兼爱无私，一度顺理。文子又说："何谓仁？曰：为上不矜其功，为下不羞其病，大不矜，小不偷，兼爱无私，久而不衰，此之谓仁。何谓义？曰：为上则辅弱，为下则守节，达不肆意，穷不易操，一度顺理，不私枉挠，此之谓义。"（《道德》）文子的仁义，又与儒家的仁义不同。他主张兼爱无私，平正顺理，反对爱有差等和轻重厚薄之分，所以更接近墨子。文子的"礼"，也与儒家有别，他说："为上则恭严，为下则卑敬，退让守柔，为天下雌，立于不敢，设于不能，此之谓礼。"（《道德》）文子的礼，不但融进了以卑取尊、以退取先的"道"中，而且具有"法"的意思。他说："为礼者，雕琢人性，矫拂其情。目虽欲之禁以度，心虽乐之节以礼。……礼者，非能使人不欲也，而能止之。"（《上礼》）这种节制人欲禁以度的"礼"，是由礼到法的转变。这一思想影响了以后的荀子。荀子就认为，人生而有欲，欲而不得，就不能无求，求而无度量分界，就会争斗。"欲虽不可去，求可节也。"（《荀子·正名》）因此，圣人制"礼"以节欲，使"欲必不穷于物，物必不屈于欲"，两者"相持而长"（《荀子·礼论》）。这里的"礼"，也就成了节人之欲的"度量分界"。

　　文子认为，最好的政治是"御之以道，养之以德，无示以贤，无加以力"（《道德》）。这是治世的政教。及至衰世，出现了仁义，所以仁义"薄于道德"(《上仁》)。就衰世对治世而言,"仁义立而道德废"
(《上礼》)。然而为道者,浅行之谓之仁义,如有贤圣勃然而起,也不
排斥仁义。"持以道德,辅以仁义。"(《上礼》)因为仁义教化对刑杀
之法来说,还不失为治国之本。文子说:"明于天人之分,通于治乱
之本,……治之本,仁义也,其末,法度也。"(《上义》)这个本末不
能倒置,"法之生也,以辅仁义。重法而弃义,是贵冠履而忘其首足
也。"(《上义》)因此,不能专任法。即使行法,也要合乎义礼,"不
知礼义,不可以行法。"(《上礼》)因为两者的作用不同,"法能杀不
孝者,不能使人孝;能刑盗者,不能使人廉。"(《上礼》)这里可以
看出,文子既主张仁义之教,又主张刑杀之法,但有一个本末和主
次之分。他说:"治国,太上养化,其次正法。……利赏而劝善,畏
刑而不敢为非,法令正于上,百姓服于下,治之末也。"(《下德》)法
虽是辅助的,次要的,但"立正法,塞邪道",又是必要的。怎样立
法呢?文子说:"法生于义,义生于众适,众适合乎人心,此治之要
也。法非天下也,非从地出也,发乎人间,反己自正。……夫法者,
天下之准绳也,人主之度量也。悬法者,法不法也。"(《上义》)法产
生于义,"义者,所以和君臣、父子、兄弟、夫妇人道之际也。"(《上
礼》)义是调和人道之际即人与人的关系,法是根据这种关系,由人
们自己制定而又反过来约束自己,用强制的办法维护这种关系的。法
定之后,就成了天下的准绳,一切断之以法,以法法不法,不管尊贵
或卑贱,中绳者赏,违者罚,"犯法者,虽贤必诛,中度者,虽不肖
无罪"。这样"公道行而私欲塞",君主不得"横断",有司不得"专
行","道胜而理得矣,故反朴无为"(《上义》)。因此,文子认为,法
也是符合道的。这和《黄帝四经》所说的"道生法。法者,引得失以
绳,而明曲直者也。故执道者,生法而弗敢犯也,法立而弗敢废也"
(《经法·道法》),是相一致的。

文子的道德观中,吸取了仁义礼法的思想,强调"明于天人之
分,通于治乱之本"(《上义》),认为仁义礼法都是"为道",是治国

所必要的，因而也是符合"道"的。稷下道家则进一步认为，仁义礼法是必然之道。《管子·心术》说："虚而无形谓之道，化育万物谓之德，君臣、父子，人间之事谓之义，登降揖让，贵贱有等，亲疏有（本作之，据丁士涵校改）体谓之礼，简物小大（本作末，据丁士涵校改）一道，杀戮禁诛谓之法。"稷下道家认为，道之与德无间，本质上是同一的，德是事物各有所得于道而各有其性质，因而就各有其理。在社会人事中，君臣父子人间之事也各有所"宜"，这种"宜"表现为"义"，所以说"义者，谓各处其宜也"。这里没有讲到"仁"，因为"义"也包括了"仁"，故经常以"仁义"并称。"礼"是"义"的具体表现，而加以文理规定，"礼者，因人之情，缘义之理，而为之节文者也。故礼者，谓有理也。理也者，明分以谕义之意也。"（《管子·心术上》）它们之间的关系是，礼以义为基础，义以理为基础，理以道为基础，法是把不整齐的东西整齐起来，其具体办法就是"杀戮禁诛"。"故礼出乎义，义出乎理，理因乎道（本作宜，据郭沫若校改）者也。法者，所以同出，不得不然者也。故杀戮禁诛，以一之也。"（《管子·心术上》）这里的"出"，就是参差不齐，"同出"就是"简物小大一道"，用法来规定，把它们划一起来。这是强制性的，是"不得不然者也"。稷下道家认为，道德、仁义、礼、法，是一个发展过程。它们在这个过程中，都是必要的环节，都各有一定的地位。法也是这个过程中必然的结果，是与"道"相符合的。

从老子的失道而后德，失德而后仁，一个失了，才有另一个的消极过程，到稷下道家认为，一个发展到另一个的积极过程；从讲道不讲法，到道生法，其中间环节，正是文子。

再次，老子讲"道"，没有明确讲"术"，文子既讲"道"也很讲究"术"。

什么是"术"？文子说："发一号，散无竟，总一管，谓之心。见本而知末，执一而应万，谓之术。居知所为，行知所之，事知所乘，动知所止，谓之道。"（《微明》）文子的"术"，不是如后人所理解的那样是搞阴谋诡计。他和《黄帝四经》所说的"不阴谋"（《十大经·顺道》），认为"阴谋不祥"（《十大经·行守》）一样，是反对搞阴谋的。他说："善治国者，不变其故，不易其常"（《下德》），认为"阴谋逆德"（《下德》）。在文子那里，"术"是遵循规律认识事物和处事的方法的意思。因此，他经常讲"道术"和"心术"。文子认为，"万物之总，皆阅一孔，百事之根，皆出一门。"（《道原》）事物的根本是道，"故圣人一度循轨，不变其故，不易其常，放准循绳，曲因其常。"（《道原》）这样，"能知一即无一之不知也，不能知一即无一之能知也"（《九守》）。处事也就知道所为所乘，行动之行止。这样就能做到见本而知末，执一而应万。所以文子要人们"治心术"，"修道术"。

在文子的"术"中，特别重视"心术"。他比喻说："主者，国之心也。心治则百节皆安，心扰即百节皆乱。"（《上德》）认为心术治，则"治道通矣"（《符言》）。心术是认识事物的方法，也就是思想方法。文子认为，要如实地认识客观事物，必须去掉主观上的嗜欲和好恶，不要有主观成见。他说："达于心术之论者，即嗜欲好憎外矣。"（《九守》）治心术是主观方面的修养，"不求于外，不假于人，反己而得矣"（《符言》）。

稷下道家进一步发挥了文子的思想。《管子》有《心术》上下篇，就是讲"心术"的。它说："人皆欲知，而莫索（本有之字）其所以知。其所知（本无此三字），彼也；其所以知，此也。不修之此，焉能知彼。修之此，莫能（如）虚矣。虚者，无藏也。故曰：去知则奚（本有率字，均据王念孙校改）求矣，无藏则奚设矣。无求无设则无虑，无虑则反复虚矣。"这里"修之此"，就是修其所以知的主观方面，要做到"虚"，就是"无藏"。它包括两个方面：一是"无求"，即对于所知，没有主观欲求；二是"无设"，即没有主观成见。要做到无求无设，这是不求于外，不假于人，是反己而得。如何反己自得呢？稷下道家认为，除了做到心"虚"外，还要保持心"静"，"故曰静乃自得"。所以"有道之君，其处也，若无知，其应物也，若偶之，静因之道也。"（《管子·心术上》）稷下道家也像文子那样比喻说："心之在体，君之位也，九窍之有职，官之分也。"（《管子·心术上》）心如国君，耳目等是视听之官，心处其道，虚静无为，则官循其理而各尽其职。"故曰：心术者，无为而制窍者也。"可是，耳目之官总是与物相接的，怎么保持心的虚静呢？《心术下》说："专于意，一于心，耳目端。"这样就可以"无以物乱官，毋以官乱心。"稷下道家虚静专一的"心术"，有其认识方面的意义，但更侧重的是说君道无为，臣道有为，君主在处理政治事务时要以虚制实，以静制动，执一君万。

荀子又侧重在认识论方面，继承和发展"心术"思想。他指出："凡人之患，蔽于一曲而暗于大理。"（《荀子·解蔽》）认为人们往往以偏概全，只看到局部，不见全体。他作《解蔽》，企图解决这个认识论的问题。荀子认为，"蔽"的因素很多，但不外两个方面：一是主观方面的因素，"欲为蔽，恶为蔽。"（《荀子·解蔽》）主观的好恶影响对事物的认识，"私其所积，唯恐闻其恶也；倚其所私以观异术，唯恐闻其美也。"（《荀子·解蔽》）二是客观方面的因素，始为蔽，终为蔽，远为蔽，近为蔽，浅博、古今等等，都会影响对事物的认识，"凡万物异则莫不相为蔽"（《荀子·解蔽》）。无论主观方面和客观方面"蔽"的因素，都是"心术之公患也"。要解决人的思想方法所共有的毛病，不但主观上要无好恶，没有成见，而且客观上也要无始无终，无近无远，……即从各方面看问题，"兼陈万物而中悬衡焉。是故众异不得相蔽以乱其伦也。"（《荀子·解蔽》）兼陈万物还不够，还必须"中悬衡"，即符合标准——"道"。人要把握客观的"道"，那就是靠"心"的作用。荀子说："人何以知道？曰：心。心何以知？曰：虚壹而静。"（《荀子·解蔽》）

"虚壹而静"就是稷下道家说的虚静专一。荀子认为这是心知道的条件。但他认为，稷下道家的虚静专一，也有所"蔽"。稷下道家说："虚者，无藏也。"(《管子·心术上》)无藏从无求无设不要有主观好恶和成见来说，是对的，但无求无设而无虑，从人的认识论来说，这是不可能的。因为人的认识总有虑，知识总是逐渐积累起来的，知识的积累就是"藏"，不可能和一个空空洞洞的仓库那样是空虚的。所以荀子说："心未尝不藏也，然而有所谓虚，……人生而有知，知而有志。志也者，藏也。然而有所谓虚，不以所已藏害所将受，谓之虚。"(《荀子·解蔽》)只要不以已藏有的知识而妨碍将接受的新知识，这就是"虚"。荀子认为稷下道家讲"专一"是对的，但并不排斥"两"。他说："心生而有知，知而有异。异也者，同时兼知之，同时兼知之，两也。"(《荀子·解蔽》)为什么有所谓"两"呢？只要"不以夫一害此一，谓之壹。"(《荀子·解蔽》)一与两不是绝对的对立，"壹"意味着诸多的统一。稷下道家把"静"理解为不变，"静则不变，不变则无过。"(《管子·心术上》)荀子认为这也是"蔽"，静和动不是绝对的对立。他举例说："心未尝不动也"(《荀子·解蔽》)，人睡觉时心会做梦，闲散时思想会开小差，用心思时会谋虑，"然而有所谓静"(《荀子·解蔽》)，静就是"不以梦剧乱知"(《荀子·解蔽》)，即不以胡思乱想去扰乱正常的认识。由此可见，荀子的"虚壹而静"，很明显是批判地继承了稷下道家的虚静专一。从文子的"心术"，经过稷下道家，到荀子的"心术"，是一脉相承的。

在过去的中国哲学史中，从老子提出"道"的学说，到荀子、韩非，以至王充这一条唯物主义的发展线索，中间似乎脱了一个环节。于是有人把《管子》的《心术》上下、《白心》和《内业》四篇，作为宋钘尹文的思想，来串联这一线索。但据先秦的《孟子》、《庄子》、《荀子》、《韩非子》等记载，宋尹的思想与《管子》四篇，大相径庭，不能作为宋尹的思想资料，这又当别论。其实，这一唯物主义的线索，并不脱节。如果说这中间有一个环节的话，那不是宋尹，而是文子。由于《文子》过去一向被作为伪书对待，文子在哲学史中的地位也被排除，这一线索也就脱了节。从上述的道、道和德、道德和仁义礼法、以及由道到术的发展等侧面来看，文子在中国哲学史中的地位，是很重要的。予虽不敏，敢竭驽钝，论文子，或冀可表襮其万一。

说明：本文分上下刊载于 1984 年第 3、4 期《复旦学报》。后略有增删，以"论文子"作为文子校注的前言，收入 1988 年 7 月由复旦大学出版社出版的《文子要诠》。

帛书《系辞传》与《文子》

近年来，陈鼓应先生撰写多篇文章论证今本《系辞传》是道家作品，这是对传统思想的挑战，因而引起了学者们的注意。如今帛书《系辞传》已经公布，笔者就以之为依据，探讨一下它与道家黄老著作《文子》①的关系。

一

众所周知，儒家祖述尧舜、宪章文武，而不谈以前之古帝王。所以司马迁作《五帝本纪》，说："百家言黄帝，其文不雅驯，荐绅先生难言之。"又相传宰予问孔子之五帝德及帝系等，儒者或不传，道家则不同，"能知古始，是为道纪"（《老子》），由黄帝而神农及至太昊伏羲氏，这种据近以远明道同、以远喻近为之劝的做法，构成了中国文化中托古的传统。诸子百家皆托古，然所托之"古"不同。如孔、墨俱道尧、舜，道家则托于太昊、伏羲氏。老子的理想国是"使人复结绳而用之，甘其食，美其服，安其居，乐其俗，邻国相望，鸡犬之声相闻，民至老死不相往来"（《老子》八十章），《庄子》中将其说成是"至德之世"，当伏羲神农之时。《文子》也说："伏羲氏之王天下也……其民童蒙不知西东，视瞑瞑，行蹎蹎。"（《精诚》）《文子》还认

---

① 关于《文子》书的年代与性质，笔者有专文讨论。《道家文化研究》1994 年第五辑，刊载《〈文子〉非伪书考》，是据十年前刊载于《复旦学报》的《文子道论》改写而成的。

为黄帝虽在伏羲之下，但其"从天地之固然"（《精诚》）、"道德上通"（《精诚》），与伏羲一脉相承。所以，依托"三皇"成为道家传统。

值得注意的是，《系辞传》和《文子》一样，也说"伏羲氏之王天下也"，是由自然而治天下的开创者。班固说："易曰：伏羲氏之王天下也，言伏羲继天而王，为百王先，首德始于木，故为帝太昊。"（《汉书·律历志》）黄老学家在学统上推老子，为弘扬其说，以远喻近为之劝，将其学说托古百王之先的帝统伏羲和黄帝，把儒家所祖的尧、舜先王降格。所以文子说："古者三皇，得道之统。"（《道原》）庄子也说："夫道，……伏羲氏得之，以袭气母，……黄帝得之，以登云天。"（《大宗师》）《文子》所说"至德之世……河出图，洛出书"（《道德》），正是《系辞传》所谓"河出图，洛出书，圣人则之"，始作八卦之所依。

二

通行本"易有太极"，帛书本作"易有大恒"。今本"太极"当为后人所改。有学者以为"恒"为"极"字之误，非是。读帛书《系辞传》，在"易有大恒"前后，有"三极之道"、"极数知来"、"极天下之赜"的"极"，都没有误写为"恒"。再则，"德行恒易以知险"、"德行恒简以知阻"的"恒"，也没有误写成"极"，因此，帛书本"易有大恒"，本来如此，今本"太极"为后人所改。

"大恒"即《文子》的"大常之道"。文子在阐述老子"有物混成，先天地生"的"道"时说："古者三皇，得道之统……大常之道，生物而不有，成化而不宰，万物恃之而生……"（《道原》），"大常之道"就是老子的"常道"。帛书《老子》作"恒道"，与帛书《系辞传》作"大恒"相一致。帛书《老子》出，解决了一些长期争论解决不了的问题，但有一点没有予以足够的重视。即通行本第二章，有无相生，难易相成，前后相随下，帛书甲、乙本有"恒也"。这就是《文子·道原》所谓"夫道，有无相生也，难易相成也"和"大常之道"，也即帛书《系辞传》的"大恒"。"故易有大恒，是生两仪……"是《系辞传》说作易之先有玄之又玄众妙之门的大恒，大恒生出两仪。故孔颖达《正义》："太极（大恒已被改为太极），谓天地未分之前，元气混而为一，即是太初、太一也。故老子云，道生一，即此太极是也。又谓混元既分，即有天地，故曰太极生两仪，即老子云，一生二也。"《周易集解》引虞翻曰："太极，太一；分为天地，故生两仪也。"太一就是大常之道，即老子的常道。因此，帛书《系辞传》作"易有大恒"，我认为不但是正确的，而且说明《系辞传》本来就属道家思想系统。

说明：本文刊载于 1993 年 8 月第二辑《道家文化研究》，此文撮取《帛书"系辞传"与"文子"及海岱文化》。

文子其人考

文子，姓文，尊称子，佚其名字与国籍。

《汉书·艺文志》录《文子》，班固注不谓其名字国籍，只曰"老子弟子"。后人或以为计然，或以为文种，或以为田文，皆非也。因《史记·货殖列传》有范蠡师计然语，又因裴骃《史记集解》引徐广曰："计然者，范蠡之师也，名妍。"《范子》曰："计然者，葵丘濮上人，姓辛氏，字文子，其先晋国亡公子也。尝南游于越，范蠡师事之。"北魏李暹作《文子注》，其传曰："姓辛，葵丘濮上人，号曰计然。范蠡师事之。本受业于老子，录其遗言为十二篇。"（见晁公武《郡斋读书志》）遂以计然、文子合为一人，文子乃有姓有名，谓之辛妍。《文选》曹子建《求通亲亲表》曰："臣闻文子曰，不为福始，不为祸先。"李善注引《文子》曰："与道为际，与德为邻，不为福始，不为祸先。《范子》曰：文子者，姓辛，葵丘濮上人也。称曰计然，南游于越，范蠡师事。"宋人南谷子杜道坚《通玄真经缵义序》则依之曰："文子，晋之公孙，姓辛氏，名妍，字计然，文子其号，家雎之葵丘，属宋地，一称宋妍，师老子学，早闻大道，著书十有二篇，曰'文子'。"《通玄真经缵义》所附《文子传》仍。孙星衍也说："文子即计然无疑。李善，徐灵府亦谓为是。"（《问字堂集·文子序》）则文子不但有姓有名，且有字号与国籍。谬之甚矣。

或谓韩非称"齐王问于文子"，齐国君称王者，始于齐威王，而齐臣称文子者，有齐湣王时之孟尝君田文，《史记》中有称其为"文子"者，此齐王即齐湣王，文子当指田文。按此说非也。清人江瑔《读子卮言》说："古人称子者，其例有二：一为合姓而称之，某姓即称某子，如孔子、庄子之类是也；一为于名字之外，别以一己学问之宗旨或性情之嗜好，署为一号，以示别于他人，亦称某子，如老子、鹖冠子之类是也。二者之中，以前者为通称。古未有字为某子者。文子道家，崇朴，亦无自号文子之理，故文子之文必为姓。"此言诚是。然江氏认为文子即是文种，则非也。

文子，与卜商子夏同时，而少于孔子。

班固说文子"与孔子并时，而称周平王问"，后人发现，孔子后于周平王几百年，与孔子并时的文子，不可能与周平王答问，从而认定"平王"乃是与孔子并时的"楚平王"。宋人杜道坚说："楚平王聘而问道，范蠡从而师之。"（《通玄真经缵义序》）宋元之际，马端临《文献通考》引《周氏涉笔》说："其称平王者，往往是楚平王。序者以为周平王时人，非也。"清人梁玉绳《汉书人表考》云，《困学记闻》辨文子非周平王时人，检《文子·道德》"平王问"一条无"周"字，末云，"寡人敬闻命"，其非周平王甚审。梁氏没有肯定之说，而孙星衍《文子序》则说："书称平王并无周字，又班固误读此书，此平王何知非楚平王？"又说："文子师老子，抑或游于楚，平王同时，无足怪者。"（《问字堂集》）

说班固误读《文子》，称"平王问"为"周平王问"，那么，《文子》书"平王"是不是"楚平王"？若据班固说文子"与孔子并时"，则文子与楚平王答问，有此可能。然而，这只是推测。《史记·孟子荀卿列传》司马贞《索隐》曰："（刘向）《别录》云，'今按墨子书有文子，文子即子夏之弟子，问于墨子。'如此，则墨子在七十子之后也。"今《墨子》虽无此文，然《墨子》至宋初缺篇尚罕，汉代刘向所云，必有所见。至于墨子之生卒年史载不详，《史记》说："或曰并孔子时，或曰在其后。"（《孟子荀卿列传》）《汉书·艺文志》班固注说"在孔子后"。清人孙诒让以今《墨子》五十三篇推校，考定墨子"生于周定王初年（公元前 468 年～前 441 年在位）"，"卒盖在周安王末年（公元前 401～376 年在位），当八九十岁"（见《墨子传略》）。据此，文子不可能与楚平王答问。

文子问学于子夏，"卜商子夏，少孔子四十四岁。"（《史记·仲尼弟子列传》）孔子生于鲁襄公二十二年（公元前 551 年），则子夏生于鲁定公三年（公元前 507 年），是年孔子四十四岁。文子也当生于鲁定公初年，盖与卜商子夏同时，而少于孔子，为春秋末年和战国初期人。其学成交游在春秋战国之交，其书称"平王"，很可能是与"齐平公"（公元前 480 年～前 456 年在位）答问。故《韩非子》称齐王和文子问答如何治国，并说"其说在《文子》"。史载齐简公四年（公元前 481 年），田常杀简公，立简公弟鳌为平王，田常为相。"田常言于齐平公曰：德施人之所欲，君其行之；刑罚人之所恶，臣请行之。行之五年，齐国之政皆归田常。"（《史记·田敬仲完世家》）"齐王问于文子曰：治国何如？对曰：夫赏罚之为道，利器也，君固握之，不可以示人。若如臣者，犹兽鹿也，唯荐草而就。"（《韩非子·内储说上》）文子以其师老子"国之利器不可以示人"说齐平公，也是合情合理。说"齐王"是"齐平公"还有一佐证，《庄子·胠箧》同样记载"田成子一旦杀齐君而盗其国，所盗者岂独其国邪，并与其圣知之法而盗之"。后引老子"故曰：鱼不可脱于渊，国之利器不可以示人。"庄子发挥"绝圣弃知"的道理，文子以赏罚之道，国之利器，君固握之，说齐平公则更切实际。

或谓齐国称王始于战国齐威王因齐（公元前 356 年～前 320 年在位），齐平公尚未称王，而《文子》书称"平王"何也。王为当时或后人对君之泛称，其例不鲜。如燕至易王始称王，然《战国策》记载："苏秦将为纵，北说燕文侯……燕王曰：寡人国小，西迫强秦，南近齐、赵……于是斋苏秦车马金帛以至赵。"（《燕策》一）燕文侯即《史记·燕召公世家》记载的燕文公，"二十八年（前 334 年），苏秦始来见，说文公。文公予车马金帛以至赵，赵肃侯用之。……

二十九年，文公卒，太子立，是为易王。"《战国策》所称的"燕王"，就是易王之父燕文侯（公）。又如赵至武灵王始有王称，然赵武灵王之父肃侯，《战国策》称其为王曰："（苏秦）于是乃摩燕乌集阙，见说赵王于华屋之下，抵掌而谈。赵土大悦，封为武安君。"（《秦策》一）《史记·苏秦列传》载，燕文侯资苏秦车马金帛以至赵，"说赵肃侯"曰："今大王与秦，则秦必弱韩、魏；与齐，则齐必弱楚、魏。""愿大王孰计之"，"窃为大王计"。"赵王曰：寡人年少，立国日浅，未尝得闻社稷之长计也……"《张仪列传》也载："苏秦已说赵王而得相约纵亲……"赵王即赵肃侯，凡此皆其证。因此，韩非称齐王，非必齐威王、齐湣王之属。其实，《韩非子》本书就有证。《外储说左上》："齐桓公好服紫，一国尽服紫"，下曰"齐王好衣紫，齐人皆好也"。这个齐王就是齐桓公。韩非这里称齐桓公为齐王，为什么《内储说上》不能称齐平公为齐王呢？文子与卜商子夏同时，而少于孔子，其壮年学成正当齐平公之时，《韩非子》记载齐王问于文子治国何如，不仅理顺成章，而且与《文子》书"平王问"相合。

文子，老子弟子，又尝问学于卜商子夏与墨子，是一位学无常师者。其学虽各有所受，然经其炉韝冶化，遂别生新义，乃过所承。世称文子勤学厘颜，故得道尤高，而卒归本于老子。王充曾称："老子、文子，似天地者也。"（《论衡·自然》）其崇尚如此。文子解说老子之言，阐发老子思想，继承和发展了道家"道"的学说。明初宋濂曰："予尝考其言，壹祖老聃，大概道德经之义疏尔……盖老子之言宏而博，故是书杂以黄老、名、法、儒、墨之言以明之。"（《诸子辨》）元代玄教嗣师吴全节说："文子者，道德经之传也。老子本易而著书，文子法老而立言，所以发明皇帝王伯之道。"（《通玄真经缵义序》）

文子学道早通，游于楚，楚平王孙白公胜问"微言"。后游于齐，齐平公问"治国何如"？文子纵谈道德仁义礼法，其说在《文子》。齐之隐士彭蒙，从而师之。

文子，盖楚人也。抑或不是，文子曾在楚，则可肯定。《吕氏春秋·精谕》载："白公问于孔子曰：人可与微言乎？孔子不应。白公曰：若以石投水奚若？孔子曰：没人能取之。白公曰：若以水投水奚若？孔子曰：淄渑之合者，易牙尝而知之。白公曰：然则人不可与微言乎？孔子曰：胡为不可！唯知言之谓者为可耳。白公弗得也。知谓则不以言矣，言者谓之属也。求鱼者濡，争兽者趋，非乐之也。至言去言，至为无为，浅智者之所争则末矣。"《淮南子·道应训》和《列子·说符》都有和《吕氏春秋》相同的记载，皆作"白公问于孔子曰"。考白公胜于楚惠王二年（公元前488年）由吴返楚，《史记·楚世家》记载："惠王二年，子西召故平王太子建之子胜于吴，以为巢大夫，号曰白公。"楚惠王十年（公元前479年）白公胜死。而孔子于鲁定公十四年（公元前496年）离鲁之陈，鲁哀公十三年回到鲁，凡十四年。据《孔子世家》记载：定公十四年，孔子年五十六，由大司寇行摄相事，齐人闻而惧，时鲁定公怠于政事，子路说："夫子可以行矣"！孔子遂行，离鲁适卫，将适陈，过匡、蒲、曹、宋、郑、遂至陈，孔子居陈三年，去陈、过蒲、适卫，往返于陈蔡之间。孔子绝粮于陈蔡，楚昭王兴师迎孔子，然后得免，此在楚昭王二十七年。是年，楚昭王死。楚狂接舆歌而过孔子，孔子欲与之言，弗得。于是孔子自楚反于卫，当鲁哀公六年（公元前489年），孔子六十三岁。后自卫归鲁。《陈杞世家》记载："湣公六年（前496年），孔子适陈。"十三年（公元前489年），楚昭王救陈，军于城父，后卒于城父，与"时孔子在陈"相一致。《史记·索隐》按："此十三年，孔子仍在陈，凡经八年，何其久也？"实际上孔子不是一直在陈，而是往返于陈蔡，"十三年"确切地说在蔡。上述白公胜于楚惠王二年，由吴返楚，而孔子在鲁哀公六年去楚适衡而归鲁，时值楚惠王父昭王二十七年，白公胜和孔子不可能见面，何来白公问于孔子！再则，白公胜问"微言"，答曰"唯知言之谓者为可"，"知谓则不以言矣"。这与孔子思想不合，孔子主张名正言顺，所谓"至言去言，至为无为"乃道家思想，与儒家不类。

既然白公胜不可能问孔子"微言",孔子也不会如此回答"微言",那么白公胜问谁？回答是唯有文子。《文子·微明》曰："人可以微言乎？文子曰：何为不可。唯知言之谓乎？夫知言之谓者，不以言言也。争鱼者濡，逐兽者趋，非乐之也，故至言去言，至为去为，浅知之人，所争者末矣。夫言有宗，事有君，无为无知，是以不吾知。"文子之言，简明通顺，《吕氏春秋》及《淮南子》和《列子》引述传抄，张冠李戴为白公问于孔子；并画蛇添足，孔子不应，后又应之曰，没人能取之，易牙尝而知之，且发挥说，白公不得微言而死。最为明显者，以"至为无为"解释"至为去为"尚可，而改"至为去为"为"至为无为"，则不知道家之"至为去为"和"无为而无不为"。《庄子·知北游》设颜渊问乎孔子，孔子曰："至言去言，至为去为。齐知之所知，则浅矣。""至言去言，至为去为"，乃道家思想之证。这或许是《吕氏春秋》及《淮南子》和《列子》引述传抄为孔子回答白公的因素。

既然白公问文子"微言"，那么，文子如何能与白公答问？我疑文子本陈蔡一带人。春秋战国之际陈蔡先后为楚所灭，故可称文子为楚人。这也许可寻范蠡思想的师承。文子游齐，便把道家兼容仁义礼法的思想带到了齐国，并传授弟子，而发扬光大，形成齐国特有的黄老之学。三十年代，谢扶雅在谈到战国时齐道家时说："老聃思想一到了齐国，便大不同了。"这里，他自己注说："楚产的老学，何时、由谁，和怎样被输入于齐国？是一个历史上待考的问题。环渊是颇可疑的一个人，他是由楚入齐的一个道家。"(《田骈和驺衍——战国时齐道家底两派》，见《古史辨》第五册)不管文子是否楚国人，是文子把老子思想带到齐国，彭蒙、田骈、慎到、环渊等皆其后学。

孙星衍说："黄帝之言述于老聃，老聃之学存于文子。西汉用以治世，当时诸臣皆能称道其说。故其书最显。"(《问字堂集·文子序》)由《老子》之学发展而来的黄老之学，"采儒墨之善，撮名法之要"(司马谈《论六家之要指》)，始于文子。文子游齐，隐士彭蒙从而师之，田骈、慎到之属，"皆学黄老道德之术，因发明序其指意"。（《史记·孟子荀子列传》）齐之稷下，黄老之学盛极一时，从而形成齐国的特有之学。西汉用以治学，也本于此。

据《庄子·天下》篇，田骈"学于彭蒙，得不教焉"。则彭蒙当为田骈之师。《意林》引尹文子有彭蒙曰："雉兔在野，众皆逐之，分未定也。鸡豕满市，莫有志者，分定故也。"《吕氏春秋·慎势》引慎子曰："今一兔走，百人逐之，非一兔足以为百人分也，由未定，尧且屈力，而况众人乎！积兔满市，行者不顾，非不欲兔也，分已定矣，分已定，人虽鄙不争。"此盖祖彭蒙之说，则慎到亦彭蒙之徒也。《史记》谓田骈、慎到皆学黄老道德之术，则彭蒙盖黄老学之大师。

《天下篇》又说："彭蒙之师曰：古之道人，至于莫之是莫之非而已矣。"然则，彭蒙之师何人？郭沫若《稷下黄老学派的批判》说："彭蒙还有老师，也分明是道家。这位'彭蒙之师'应该是墨翟、子思同辈的人物……'彭蒙之师'或者也就是杨朱的弟子。"（见《十批判书》）北京大学王博对此作了研究，以为"彭蒙之师就是文子"。①我认为王博的《彭蒙之师考》，论据扎实，立论可靠，我非常高兴。这不仅因为我们观点很一致，而且还因为王博是一位很年轻的学者，却有如此深厚的功基，从事这种"吃力不讨好"然而在学术上具有重大价值的工作。

据《淮南子·人间训》说："唐子短陈骈子于齐威王，威王欲杀之。"田骈并未被杀，而是逃到薛，在孟尝君那里，后来又回到齐。"宣王喜文学游士之说，自如驺衍、淳于髡、田骈、接子、慎到、环渊之徒七十六人，皆赐列第，为上大夫，不治而议论，是以齐稷下学士复盛，且数百千人。"（《史记·田敬仲完世家》）彭蒙之徒"田骈之属皆已死齐襄王时"（《史记·孟子荀子列传》）。据此，田骈活动于齐威王、宣王之时，齐襄王时田骈已死。其师彭蒙，当活动于齐桓公

---

① 见《读书杂考》三《彭蒙之师考》，北京大学《研究生学刊》1991年第2期。

田午和齐宣公姜积之时，彭蒙之师文子，则应活动于齐平公鳌前后（简公壬—平公鳌—宣公积），时值卜商子夏同时，也正与郭沫若推测"彭蒙之师"应该是子思（按：《史记·仲尼弟子列传》："原宪，字子思。"《家语》说子思"少孔子三十六岁"）同辈人物相符。

彭蒙其人，他书无征。然田骈、慎到之徒，是其学生，业已考定。且《庄子·天下篇》将彭蒙、田骈、慎到合叙，师徒之间思想共通，因此，据《天下篇》的记载，可了解彭蒙思想及其和文子的关系。

第一，《天下篇》记载："彭蒙之师曰：古之道人，至于莫之是莫之非而已矣。"这种认为古之得道之人，达到不为是非左右的境界，在文子那是显而易见的。《文子·道原》："真人者，知大己而小天下，贵治身而贱治人，不以物滑和，不以欲乱情，隐其名姓，有道则隐，无道则见，为无为，事无事，知不知也，怀天道，包天心，嘘吸阴阳，吐故纳新，与阴俱闭，与阳俱开，与刚柔卷舒，与阴阳俯仰，与天同心，与道同体，无所乐，无所苦，无所喜，无所怒，万物玄同，无非无是。"《九守·守弱》："圣人与阴俱闭，与阳俱开，……所以然者，因天下而为天下之要也，不在于彼而在于我，不在于人而在于身，身得则万物备矣。故达于心术之论者，嗜欲好憎外矣。是故无所喜，无所怒，无所乐，无所苦，万物玄同，无非无是。"《符言》："不求可非之行，不憎人之非己，修足誉之德，不求人之誉己。……是故闲居而乐，无为而治。"《道德》："天下是非无所定，世各是其所善，而非其所恶，夫求是者，非求道理也，求合于己者也，非去邪也，去迕于心者；今吾欲择是而居之，择非而去之，不知世所谓是非也。……故通于道者如车轴，不运于己，而与毂致于千里，转于无穷之原也；故圣人体道反至，不化以待化，动而无为。"《微明》："所谓道者，无前无后，无左无右，万物玄同，无是无非。"《文子》中以上这些言论，与彭蒙之师曰不仅思想一致，而且语言也类，可知文子即彭蒙之师。

第二，《天下篇》所说彭蒙等"齐万物以为首"，这与文子完全一致。《文子·道原》所谓："道者一立而万物生矣。故一之理，施于四海，一之嘏，察于天地……万物之总，皆阅一孔，百事之根，皆出一门。"《九守》所谓："天地运而相通，万物总而为一，能知一即无一之不知，不能知一即无一之能知也。""廓然而虚，清静而无，以千生为一化，以万异为一宗。"(《守朴》)《上德》所谓："阴阳交通，万物齐同。"《自然》所谓："万物齐一，无由相过"，"万物变化，合于一道"。此皆齐万物为一之义也。《文子》所谓："以天为盖，以地为车……以天为盖则无所不覆也，以地为车则无所不载也。""水为道也……万物不得不生，百事不得不成，大苞群生而无私好，泽及蚑蛲而不求报，……禀受万物而无先后，无私无公，与天地洪同。"(《道原》)"道至高无上……包裹天地而无表里，洞同覆盖而无所碍。""天为盖，地为轸，善用道者终无尽；地为轸，天为盖，善用道者终无害。"(《符言》)"天地之所覆载，日月之所照明，阴阳之所煦，雨露之所润，道德之所扶，皆同一和也。""道可以弱，可以强……可以包裹天地，可以应待无方。"(《微明》)"天之所覆，地之所载，日月之所照，形殊性异，各有所安……万物一齐，无由相过，天下之物，无贵无贱。"(《自然》)此皆天覆地载，道能包之，而不能辨之，无所先后，无私好之义也。《文子》所谓："大道无所不可，可在其理，见可不趋，见不可不去，可与不可，相为左右，相为表里。"又谓："天不一时，地不一材，人不一事，故绪业多端，趋行多方……夫守一隅而遗万方，取一物而弃其余"，"故道立而不教"(《自然》)。此皆万物有所可，有所不可，选则不遍，教则不至，顺道无遗之义也。

第三，《天下篇》在叙述彭蒙等"齐万物以为首，道则无遗矣"后，则叙慎到，然后说，"田骈亦然，学于彭蒙，得不教焉"。田骈思想与彭蒙相一致，初学之时，自相契合，不待教之而后能。因此，根据田骈思想，更可了解彭蒙思想及其和文子的关系。《汉书·艺文志》道家录《田子》二十五篇，《田子》书已佚，而田骈思想他书有征者也不多。《吕氏春秋·执一》载："田骈以道术说齐，齐王应之曰：寡人所有者，齐国也。愿闻齐国之政。田骈对曰：臣之言，无政可以得政，譬之若林木，无材而可以得材。愿王之自取齐国之政也。骈犹浅言之也，博言之，岂独齐国之政哉！变化应求而皆有章，因性任物而莫不宜当。"《文子·微明》载文子曰："道无正而可以为正，譬若山林而可以为材，材不及山林，山林不及云雨，云雨不及阴阳，阴阳不及和，和不及道。道者，所谓无状之状，无物之象也，无达其意，天地之间，可陶冶而变化也。"正，通政。文子之言是说，道不是政，政可因道而有。譬如木材是从山林中产生，材不及生材之山林，生材之山林不及生物之云雨阴阳和气，阴阳和气不及道，道是无法表明的无状之状，无物之象，然而它可以产生化育天地万物。田骈以此道术说齐国之政，愿齐王按道为政，也就是因性任物，无为而治。田骈所说的道术，很可能就是通过他的老师彭蒙传授的文子学说。"因性任物而莫不宜当"，也与《天下篇》叙述彭蒙、田骈"决然无主，趣物而不两"、"于物无择，与之俱往"相一致。

《吕氏春秋·用众》载："田骈谓齐王曰：孟贲庶乎？患术而边境弗患，楚魏之王辞言不说，而境内已修备矣，兵士已修用矣，得之众也。"孟贲，古之勇士。田骈对齐王说，齐之边境不以一个勇士孟贲为患者众也，楚魏之王不以言辞说与不说，而境内修兵备战，得之众也。这说明以众勇，无畏乎孟贲，人主之所以立，出乎众也，以众者，君人之大宝也。这一思想也来源于文子。《文子·符言》说："能强者，必用人力者也，能用人力者，必得人心者也，能得人心者，必自得者也，自得者，必柔弱者也。"得道者德柔弱，柔弱容众，柔弱胜刚强之道术也。《文子·微明》说："用众人之所爱，则得众人之力，举众人之所喜，则得众人之心，故见其所始，则知其所终。"《文子·自然》说："用众人之力者即无不胜也，用众人之力者乌获不足恃也。"《文子·下德》说："积力之所举则无不胜也，众智之所为则无不成也。千人之众无绝粮，万人之群无废功。"此皆言得众力也。

《淮南子·人间训》记载：唐子短田骈于齐威王，威王欲杀田骈。田骈与其属逃奔到薛，孟尝君听说田骈来薛，派人用车去迎接，并厚礼招待。后来孟尝君问田骈说，你生长于齐，对齐有什么思念吗？田骈说，我思念唐子。孟尝君感到奇怪说，唐子不是说你坏话的人吗？你为什么思念他？田骈对曰："臣之处于齐也，粝粢之饭，藜藿之羹，冬日则寒冻，夏日则暑伤。自唐子之短臣也，以身归君，食刍豢，饭黍粱，服轻暖，乘牢良，臣故思之。"这里可见，田骈除了讲道家毁誉、祸福相互依伏的道理外，田骈在齐时还崇尚节俭的情况，与《史记》论述墨家生活所说"粝粢之饭，藜藿之羹"，措辞也完全一样。这大概是文子"问于墨子"，受到墨子刻苦自励作风的濡染，通过彭蒙而传给了田骈吧！

第四，《天下篇》载："公而不当（党），易而无私，决然无主，趣物而不两，不顾于虑，不谋于智，于物无择，与之俱往，古之道术有在于是者，彭蒙、田骈、慎到闻其风而说之。"这种风尚的道术，可见于《文子》。《道原》说："大苞群生而无私好，泽及蚑蟜而不求报……禀受万物而无先后，无私无公"，"依道废智，与民同出乎公"，"循天者与道游也……不谋而当，不言而信，不虑而得，不为而成"。此公而不党，易而无私，决然无主，不谋不虑之义也。"大常之道，生物而不有，成化而不宰，万物恃之而生，莫之知德，恃之而死，莫之能怨。"（《道原》）此决然无主，趣物不两，于物无择，与物变化之义也。《九守》所谓"无所疏，无所亲，抱德炀和，以顺于天"（《守虚》），"不与物迁，见事之化，而守其宗"（《守朴》）。此即公而无私，于物无择之义也。《符言》所说："天道无亲，唯德是与。"《道德》所谓："无思无虑"，《上德》曰："辩士以智能困，能以智知，未能以智不知"，"愚者言而智者择，见之明白，处之如玉石，见之黯黮，必留其谋"。此皆不谋于智、不择于物之义也。《自然》谓："去恩慧，舍圣智，外贤能，废仁义，灭事故，弃偌辩，禁奸伪，则贤不肖齐于道矣。……神微周盈，与物无宰。"又谓："守道周密，于物无宰。"此

皆谓无智无虑，决然无主，趣物不两，与物俱化，无择无宰，齐于
道矣。

从《庄子·天下篇》叙述彭蒙、田骈、慎到所崇尚的道术，以及
齐万物以为首的特点，从彭蒙之师曰的内容，以及其他文籍所保存的
有关资料来看，不仅与文子思想一致，且语言亦类，可看出文子、彭
蒙、田骈思想的师承关系。文子是彭蒙之师的可能极大，他是黄老学
之始祖。

说明：本文刊载于 1994 年 3 月第 4 辑《道家文化研究》。

董仲舒与黄老之学

——儒学之创新

一、董学齐风

因太公、周公之余化，"齐鲁"在春秋时，已是全国的文化中心。周室衰微，唯齐鲁"文武之道，未坠于地"（《论语·子张》）。天下争于战国，"儒术绌焉，然齐鲁之间学者独不废也"。楚汉战争中，刘邦举兵围鲁，鲁中诸儒尚讲诵习礼乐，弦歌之音不绝，"夫齐鲁之间于文学，自古以来，其天性也。"（以上见《史记·儒林列传》）因此，在历史上，"齐鲁"被泛指为文化兴盛之地，学者们"为学慕齐鲁"（苏辙语）。

然而，齐鲁文化，是由两个相对独立而各有特点的齐文化和鲁文化构成。就学术风气而言，鲁学以儒学为宗，祖述尧舜，自为正统，循旧保守；齐学诸子并立，兼采其长，宽容、活泼，具有更新进取精神。用祖述尧舜、率由旧章的孟子的话说，鲁学是"君子之言"，而齐学为"齐东野语"。（《孟子·万章》）就儒学而言，它虽产生在周礼斐郁的鲁，但在齐也有一定的地位，在秦汉之际的经学中，就有鲁学和齐学之分，而究义理之学的孟子、讲文献之学的荀子，又都是齐稷下先生。齐学在西汉时占统治地位，其中，春秋公羊学有相当重要的地位。《史记·儒林列传》说："言春秋于齐鲁自胡母生，于赵自董仲舒。""齐之言春秋者，多受胡母生。""唯董仲舒名为明于春秋，其传公羊氏也。"

董仲舒以治公羊春秋名于当世，更以春秋大一统思想，提出"诸不在六艺之科孔子之术者，皆绝其道，勿使并进"而名于后世，"令后学者有所统一，为群儒首"。(《汉书·董仲舒传》) 今世学者，也多有以"罢黜百家"、"独尊儒术"是文化专制，从而导致学术消沉，思想僵化为由，归罪于董仲舒，其实是不对的。无论从董仲舒精于公羊春秋的齐学学风来看，还是从当时诸子传说的情况来看，文化思想都是比较宽容的。董仲舒说诸不在六艺之科孔子之术者勿使并进，并非"罢黜百家"(按：此为班固评论之辞)。现实是"博开艺能之路，悉延百端之学"(《史记·龟策列传》)。《汉志》记载刘向父子校录群书所著《七略》中的《诸子略》，论述各家长短，就说明"百端之学"没有罢黜。从现存董仲舒的《春秋繁露》和《大人二策》看，他推明孔氏，独尊儒术，是从对"师异道，人异论，百家殊方，指意不同"的情况出发，认为以儒家思想为统领，方可"统纪可一，而法度可明"。他突出儒学的地位，不是禁止其他学派，他自己就是吸收道法阴阳等思想，对先秦儒家思想改造而创新。

二、公羊春秋大一统思想与黄老之学

黄老之学是从老子学说发展来的。它滥觞于春秋晚期，形成于战国中期。它产生于齐，兴盛于齐。超凡脱俗，消极无为的老子之学，一到了齐国，与齐国特有的黄帝之学相结合，便成了积极进取的用世之学。

老子的学生文子，学道早通，后游于齐。齐平公（前480—前456）问"治国何如"？文子纵论道德仁义礼法。其说在《文子》。齐之隐士彭蒙，从而师之。田骈、慎到，学于彭蒙，稷下先生慎到、田骈、环渊、接子等，"皆学黄老道德之术，因发明序其指意"。①

《春秋公羊传》的作者是战国齐人，在《公羊传》的传授过程中，

---

① 参见拙著《文子其人考》，1994 年第 4 辑《道家文化研究》。

正是稷下黄老之学形成和发展之时。公羊春秋大一统思想，与齐国大一统思想有着密切关系。齐威王、宣王时期，国力强大，"诸侯东面朝齐"。(《史记·孟荀列传》)当时游学齐国的孟子，就认为齐国有希望统一中国。他说："诸侯之三宝：土地、人民、政事。"(《孟子·尽心下》)齐国已据有二，"夏后殷周之盛，地未有过千里者也，而齐有其地矣；鸡鸣狗吠相闻，而达乎四境，而齐有其民矣。地不改辟，民不改聚也。"只有在"政事"上"行仁者而王，莫之能御也"(《孟子·公孙丑上》)。因为当时"天下方务于合纵连衡，以攻伐为贤，而孟轲乃述唐虞三代之德，是以所如者不合"(《史记·孟荀列传》)。齐国统治者励精图治，怀有统一天下的强烈愿望，广招学士，优厚待遇，使之讲习议论，著书立说，言治乱之事。稷下学士，盛极一时，各家虽异说，但追求统一全国却是共识。孟子主仁政而王，认为"以齐王，由反手也"(《公孙丑上》)。《黄帝四经》说："唯余一人，兼有天下。"(《十六经·成法》)，"抱道执度，天下可一也。"(《道原》)《文子》说："帝者天下之适也，王者天下之往也，不适不往，不可谓帝王。"王者以道莅天下，执一无为，"君必执一而后能群矣"(《道德》)。《管子》对统一大局，描绘了种种蓝图。如《霸言》中对霸业和王业的设想，《君臣》中提出"天子出令于天下……书同名，车同轨"的大一统思想。《荀子》"四海之内若一家"的构想(《儒效》)，以及向齐闵王相田文献策，"以齐为归，是一天下也"(《强国》)。齐统治者从而获得所需要的精神力量和理论武器，这就是以道为本，因循为用，仁义礼法为具的黄老之学。

以道家思想为基础，兼采儒墨名法阴阳，构成纲纪道德，经纬人事的理论，打着黄帝旗号，一方面把自己说成是黄帝之胄，黄帝战胜炎帝的传说，成为田氏代替姜氏（炎帝之胄）的理由；另一方面，黄帝又成为其称雄天下，继承黄帝统一天下伟业的旗帜。帝统和学统组合而成的黄老之学，是齐国特有的思想。

公羊春秋大一统思想，是通过实行统一历法来标志的。《汉书·王吉传》载王阳上疏中说春秋大一统的政治含义很明确，"春秋所以大一统者，六合同风，九州共贯也。"董仲舒说："春秋大一统者，天地之常经，古今之通谊也。"(《汉书·董仲舒传》) 大一统在这里，成了天经地义的古今常道。它不仅表现在"改正朔"的历法一统天下，而且包括各个方面。颜师古对此作注说："一统者，万物之统皆归于一也。春秋公羊传'隐公元年春王正月，何言乎王正月，大一统也。'此言诸侯皆系统天子，不得自专也。"师古之注，本于董仲舒。

董仲舒说："春秋谓一元之意，一者，万物之所从始也……谓一为元者，视大始而欲正本也。"(《汉书·董仲舒传》)"春秋变一谓之元，元犹原也。其义以随天地终始也……故元者为万物之本也。"所以，"唯圣人能属万物于一，而系之元也。"(《春秋繁露·重政》，以下只具篇名）一是数之始，物之极，"谓一元者，大始也"(《玉英》)。春秋为什么贵乎元而言之呢？"元者，始也，言本正也，道王道也。"(《王道》) 这里的"一"、"元"和"天者万物之祖"的"天"(《顺命》)，实际上就是道家的"道"或"一"和"玄"。可见董仲舒大一统思想受黄老之学的影响，这是确定无疑的。

三、董仲舒思想与黄老之学

董仲舒思想以儒家为主，融合名法阴阳道，对先秦儒学加工改造，重新创造了一个新的儒学体系，奠定了长期封建统治的理论基础。

黄老之学由老子发展而来，然而它与老子有一个显著的不同，黄老学者把超凡的"道"引向社会人事，道，不仅是物之所道，也是人之所由。《文子》说："明于天人之分，通于治乱之本……圣人所由曰道，所为曰事……故法制礼乐者，治之具也，非所以为治也。"(《上义》) 董仲舒援道入儒，以阴阳五行为骨架，将天道与人事组合在一起，构成其天人理论体系。"察天人之分，观道命之异……人道者，人之所由。"(《天地阴阳》) 在这个体系中，"天"是最高的主宰，它是万物之祖，"百神之君也，王者之所最尊也"（《效义》）。

"天"是由天地人阴阳五行十因素构成，"凡十端而毕，天之数也"（《官制象天》）。十端组合成四时、五行的运动体系，"天地之气，合而为一，分为阴阳，制为四时，列为五行"（《五行相生》）。天通过五行生克的次序，显示其运动的功能，这就是天道。而五行的次序与人间的伦常政治和社会制度相配合，四时有四政，木火土金水五行有仁义礼智信五行。"王者配天，谓其道。天有四时，王有四政，四政若四时，通类也。"（《四时之副》）天人相通，圣人法天而立道，故董仲舒说："道者，所由适于治之路也，仁义礼乐皆其具也。"（本传）

道是适于治的必由之路，故为人主者，法天之行。"天高其位而下其施，藏其形而见其光……位尊而施仁，藏神而见光者，天之行也。"（《离合根》）人主法天之行，是"其法取象于天，故贵爵而臣国，所以为仁。深居隐处，不见其体，所以为神也。任贤使能，观听四方，所以为明也。量能授官，贤愚有差，所以相承也"（《天地之行》）。法天之行，也就是人主"以无为为道，以不私为宝，立无为之位而乘备具之官"（《离合根》），实行无为之治道。人主"内深藏"，"外博观"，而不自劳于事，做到"足不自动"，"口不自言"，"心不自虑"而"群臣效当"，故"莫见其为之，而功成矣"（《离合根》）。这种主逸臣劳，就是黄老之学的君道无为、臣道有为的思想。

黄老之学与老子另一个显著的不同，是对"无为"作了新的解释。《文子》说："所谓无为者，非谓其引之不来，推之不去，迫而不应，感而不动，坚滞而不流，卷握而不散；谓其私志不入公道，嗜欲不挂正术，循理而举事，因资而立功，推自然之势，曲故不得容；事成而身不伐，功立而名不有。"（《自然》）无为不是不作为，而是不以主观成见和好恶而害道，是循理而举事，因资立功，推自然之势，"所谓无为者，不先物为也；无治者，不易自然也；无不治者，因物之相然也。"（《道原》）文子认为，无为而治的"王道者，处无为之事，行不言之教，清静而不动，一度而不摇，因循任下，责成而不劳"(《自然》)。董仲舒的"为人君者，居无为之位，行不言之教"（《保位权》），即本于此。他认为，人君无为，不是不理朝政，放任臣下，而是人君执一处静，无需每事亲躬，是以群臣分职而治，各敬其事。不同的一点是"功出于臣，名归于君也"（《保位权》）。"行不言之教"，也不是不讲话，不号令，而是"以臣言为声，以臣事为形"，因为"有声必有响，有形必有影"，人君"虚心静处，聪听其响，明视其影，以行赏罚"。这种声响相应，形影随合，"挈名考质，以参其实，赏不空行，罚不虚出"的"自然致力之术"（《保位权》），也就是黄老之学的"循名责实"的"王术"。《文子》说："无为者，道之宗也。得道之宗，并应无穷。故不因道理之数，而专己之能，其穷不远也。夫人君不出户以知天下者，因物以识物，因人以知人。"君不自劳，使臣下"各守其职，不得相干"，"上操约少之分，下效易为之功"（《下德》）。"循名责实，使自有司……如此则百官之事，各有所考。"（《上仁》）此亦董仲舒所谓"建治之术"也。

四、天不变道也不变与不变故易常

人们常认为，董仲舒的"道之大原出于天，天不变道也不变"是形而上学，是为腐朽的反动统治阶级服务的。这种断章取义的评论，对董仲舒是很不公正的。董仲舒此话是在回答汉武帝册问："三王之教所祖不同，而皆有失，或谓久而不易者道也，意岂异哉。"董仲舒认为："禹继舜，舜继尧，三圣相受而守一道。"三代圣王，因循继统，从容中道，王道条贯，故不言其所损益，因此说"天不变，道也不变"。三代之后，情况不同，夏桀殷纣，逆天暴物，殷之继夏，周之继殷，是继乱世而治，天命改变了，王道也要变化。他对上述两种不同情况的结论是："由是观之，继治世者其道同，继乱世者其道变。"三代所守道一，故天不变道也不变，圣王继乱世，则"扫除其迹而悉去之"，今汉继秦后，"如朽木粪墙"，必解而更张之，必变而更化之。董仲舒认为，汉得天下以来，常欲善治，而至今不可善治者，"失之于当更化而不更化也"。并征引"古人有言曰：临渊羡鱼，不如退而结网"，要汉武帝"退而更化"，其更化方案是"宜少损周之文致，用夏之忠者"。（以上见《汉书·董仲舒传》）

"更化"是董仲舒独特的思想，不变之道只有通过更化"变"取得，这与黄老之学变中求不变是一致的。《黄帝四经》说："夫天地之道，寒热燥湿，不能并立；刚柔阴阳，固不两行。两相养，时相成……若夫人事则无常，过极失当，变故易常，德则无有，措刑不当。"（《姓争》）人事是变化不定的，在处理其事务时，擅自改变一贯的制度和政策，德教就无收获，刑罚也会不当，因此要不变故易常。《文子》则从另一方面说："善治国者，不变其故，不易其常。"（《下德》）"不变其故，不易其常，天下听令，如草从风。"（《精诚》）董仲舒引临渊羡鱼，退而织网时，称"古人有言"，这个古人，就是文子。（语见《文子·上德》）可见董仲舒熟知黄老之学。他称引文子，要汉武帝更化，以求三代相受而守一道的不变之道，"复修教化而崇起之"，这也是他不同于黄老之学，而尊儒之所以。

说明：此文为 1994 年董仲舒学术思想国际研讨会论文。刊载于 1995 年第一期《复旦学报》，1996 年收入《董仲舒与儒学论丛》，2008 年收入复旦大学《光华文存》（哲学卷）。

庄子故里

1989 年在安徽蒙城开了一次庄子讨论会，那次讨论会，与会人员比这次还要广泛，蒙城也要讨论庄子是不是他们那里的人。当时，至少我和上海几位同事商议，避开这个问题。因为人家请你来开会，不说人家好，还要论人家的短，不太好。当时我在思想上认为，说庄子蒙城人，缺乏证据。就是从《庄子》书当中，从历史记载上看，庄子穷，没有粮吃，要去借粮，他不可能从安徽蒙城那个地方，饿着肚子，跑到黄河边借粮；庄子钓鱼于濮水，那时候没有小汽车，就是骑马也不可能从安徽跑到濮水钓鱼。所以我认为庄子是安徽蒙城人不大可能。因此蒙城那个讨论会就变成讨论庄子哲学思想、美学思想、文学思想的讨论会了，把出生地的讨论避开了。但在那次会上，就过去对老子、庄子贬低、不公正的评论，大家的思想取得了一致。过去说他是没落奴隶主思想家，那他卖草鞋、借粮生活又怎么说；你说他是诡辩，但在中国与世界思想史、哲学文化史上，有哪一个能超过庄子的？没有。庄子思想在世界思想史上是一个奇迹，非常了不起。是谁最早提出来认识是相对的？是我们中国的庄子。他在人类思想发展史的作用是其他人不及的，在中国来说，儒家、墨家是独断主义的，结论肯定，是这样，不是这样，而庄子的思想才真正提出让人去思考的问题，这是哲学的本质。

这次来东明开庄子讨论会，我很感兴趣，来这里看到的一些实物，都是过去没有见到的，不知道的。我看从庄子故里、庄子主要活动的地方而言，认为是东明的理由是充足的。但有一点，对庄子是宋国蒙人，生于西汉这个说法，现在还没有理由否定它。上午董（治安）先生提出的想法，我感到是一个很好的说法，有根据（董先生提出把庄子出生地和活动地区分开来，把《史记》说"庄子蒙人也"、"周尝为漆园吏"处理一下，"庄子蒙人也"不动，就说他出生地是"蒙"，下句是承上误了一个字，尝为"宋"漆园吏，或者是衍文）。另外不应强求一个人是不是出生在这个地方，好像这就影响了他，比方说齐国管仲，他不是齐国人，他的影响在山东，活动就在这个地方，所以他的出生并不妨碍他一生中的活动。东明这个地方，是庄子一生活动的地方，是庄子的故里，死后葬在这个地方，这就够了。

对庄子来说，他的大部分精力活动是在东明这个地方，他的著作保留下来了，影响是非常深远的。这里我想提两点：一是要找实物证明庄子出生的地方，另外一点是要重视对庄子思想研究。庄子不是像孔孟那样是历代统治者捧出来的，他是完全靠自己的著作《庄子》这本书的影响，不是统治者捧出来的，是靠他思想的丰富内容。过去统治者捧孔子，研究他的比较彻底、比较多，庄子这方面就比较少了。从1989年开始研究老庄方比较多一些。我感到对思想的研究很重要，比如说我们这次看到这些实物，一旦将来和别人谈起来，要是新鲜的，影响也就大了。有人提出来要搞庄子研究中心，可以搞一个庄学会，研究庄子。据我所知，老庄思想在国外影响还很大。孔孟思想在美国、在华裔美国人、在美国社会中有影响，是因为他们需要儒家这东西。在我看来，宣传的总是中国的东西，这也很好。但真正使人口服心服的是道家思想，德国海德堡大学，对我们道家研究非常感兴趣，对返璞归真很追求，可能是他们的社会发展到一定程度，要返璞归真。黑格尔为什么对道家比较感兴趣呢？过去批判说是唯心主义，对唯心主义这种说法说得很过头。原来宋朝的王安石、司马光把庄子说了一通之后，便传到了外国，给黑格尔看到了，他便很感兴趣，黑格尔说庄子说得对。这样，批判黑格尔唯心主义时，自然也把庄子看成唯心主义的东西了。我这个意思就是要注意思想研究，历史上遗留下来的实物总是会消失的，但通过思想研究给他刊成文字，就永远不会消失了。我个人感到，庄子道家是土生土长的民间哲学，是人类思想的精华，而儒家思想实际上是官方哲学，而真正丰富的是民间产生的道家。所以我感到东明讨论庄子是有远见的，真正弘扬了中华民族的优秀传统。

另外，我还有一点建议，不妨同许多有争议的地方联合起来讨论，通过摆事实，对比资料，使事实更加清楚。庄子一生在东明，漆园在东明，证据确凿，是人家抢不去的。这样的讨论是非常有好处的，否则，有争议就存在片面性。

说明：此文是 1995 年 11 月在山东东明"全国庄子研讨会"的发言，收集在黄河出版社 2009 年出版的《"南华真人"在南华》中，标题为编者所拟。

论韩非《解老》和《喻老》

韩非用刑名法术解释《老子》,《解老》和《喻老》多有与《老子》原意不符之处,常给人以曲解之感,实际上这充分显示了韩非是在借《老子》之言,以立其说,以申其意。

一

《解老》和《喻老》主要对《老子》德篇的解释和附会,对道篇中关键的第一和第十四章(《老子》本不分章,为便于检阅,按传统分章)也做了解释。"道"是老子的最高哲学范畴,也是道家的基本问题。老子说:"道可道,非常道也。"(《一章》)庄子认为人的言语知识所能尽至的"极物而已"。"道"只是假借的名称。人们用"冥冥"、"恍惚"、"无形"等论说道,"所以论道,而非道也"。(《庄子·知北游》)文子虽然也说:"幽冥者,所以论道,而非道也。"(《上德》)但他又说,道是可以形容的,由此引向"内以修身,外以治人"(《道德》)的内圣外王之道。

法家韩非更着眼于应用,他对《老子》第一章"道可道,非常道"解释说:"圣人观其玄虚,用其周行,强字之曰道,然而可论。"对十四章"无状之状,无物之象"的道解释说:"今道虽不可得闻见,圣人执其见功,以处见其形。"(《韩非子·解老》,以下凡引《解老》《喻老》均不出注,引其他篇只注篇名)这不可得见闻的道,是可以通过道在具体事物中表现出来的功用去认识和掌握的。

从"道可道，非常道"和"所以论道而非道也"，到道可以形容，进而到道"可论"，反映了由玄虚之道，进入到现实社会的养生之道，更进而到道术的应用，成为刑名法术的理论根据。

韩非的"可论"之道，在《韩非子》书中，有广狭二义：所以成万物者是广义之道；顺道而立法，因术而治众的人主之道，是狭义之道。《韩非子》书中，主要是狭义之道。《解老》则是韩非顺道立法，为法治立理论根据。

《解老》说："道者，万物之所然也，万理之所稽也。理者，成物之文也，道者，万物之所以成也。故曰：道，理之者也。物有理不可以相薄。物有理不可以相薄，故理之为物之制。万物各异理。万物各异理，而道尽稽万物之理。"韩非发展了老子和黄老之学的道，认为道具有两方面的意义：一方面，道是构成万物的物质实体；另一方面，道是具体规律（理）的总依据，即是一般规律。

就"道"是构成万物的实体而言："道者，万物之所然也。"是这样那样的事物存在的总和；"道者，万物之所以成也。"是万物所以形成的根据。道如何构成万物呢？韩非说："夫道者，弘大而无形，德者，核理而普至。至于群生，斟酌而用之，万物皆盛，而不与其宁。"（《扬权》）构成万物的实体的"道"，其大无外，是无限的，所以说"弘大"，它是不可得闻见的，所以说"无形"。德者，得也，"德"是一事物有得于道的一部分，得到道的一部分就有他内在的本质，所以说"核理"；凡事物都无例外地有他的"德"，所以说"普至"。"道"是整体，"德"是部分，"德"是"道"的体现。一切事物都从道那里得到或多或少的一部分，因而群生就有或大或小的德，而成为某事物。万物群生依据"道"的变化生成，而"道"却不是有意识地干预他们的生成，道"不与其宁"。《解老》还形象地描绘"道"说："以为近乎，游于四极；以为远乎，常在吾侧；以为暗乎，其光昭昭；以为明乎，其物冥冥。"不但"宇内之物，恃之以成"，而且"功成天地"，天地也是"道"构成的。所以说："天得之以高，地得之以藏。"

就"道"是一般规律而言，"道者，……万理之所稽也"。道是一切具体规律的依据的总规律。"理者，成物之文也；道者，万物之所以成也。故曰：道，理之者也。""理"是已经形成的事物的性质和规律，"道"是万物所以形成的总依据，使万物各有其性质和规律。"凡理者，方圆，短长，粗靡，坚脆之分也。故理定而后可得道也。"这里，"理"就是事物的性质，事物有一种性质，就成为某事物。这样，它就可以用名称来称道。"短长，大小，方圆，坚脆，轻重，白黑之谓理，理定而物易割也。"事物之间因理定而可以加以区别而不相混，所以说："物有理而不可以相薄，故理之为物之制。""理"又是具体事物的规律。"万物莫不有规矩……圣人尽随于万物之规矩。"万物之"理"，就是"万物之规矩"，即是具体事物的规律。"万物各异理而道尽稽万物之理。"万事万物各自具有不同的规律。道是总括万物之理的总规律。"道"寓于"理"之中，"理"离不开"道"，又体现了"道"。"道"和"理"是一般规律和特殊规律的关系，所以韩非说："凡道之情，不制不形，柔弱随时，与理相应。"

与"道"相应的"理"，不是永恒不变的。韩非说："故定理有存亡，有死生，有盛衰。夫物之一死一亡，乍死乍生，初盛而后衰者，不可谓常。""理"是事物之理，事物有生死存亡盛衰的变化，"理"也随事物的变化而变化，故"无常操"。唯与天地之判也具生，因天地之消散也不死不衰的"道"，可以谓"常"，是永恒的。"道者，下周于事，因稽而命，与时生死。……故曰道不同于万物。"（《扬权》）道寓于万事万物之中。事物依据天时而消息，与时而生死，而道永恒。所以道与万物不同。"道"与"理"的区别，在于"常"与"变"，道不变而理则变。因此，人不得不因时而易，随法而化，不可执持不变之习，从而为韩非批判儒家"无变故，毋易常"（《南面》）的主张，建立其"世异则事异，事异则备变，事因于世，而备适于事"（《五蠹》）的变法理论。

"理"这个重要范畴，在《解老》中很多次论说到。这是韩非把看不见、听不到、不可道的"道"，引入到现实社会人事而可得道的重要环节，是因道而立法的理论基石。韩非说："圣人之道，去智与巧，智巧不去，难以为常。……因天之道，反形之理，督参鞠之，终则有始。"(《扬权》)智巧害法，若不去之，则法失其常性。因自然之数，反其数而形之于法纪，即因道立法，参同形名，穷其是非，终而又始，反复无穷。因道反理，就是因道立法，也就是《大体》篇所说的"因道全法"。韩非认为，"道"是客观而普遍的，它大公无私，是万理之所稽也，是万物之所以成也，是一切的根本。因此，"道"也是立法的最大依据。故"古之全大体者，望天地，观江海，因山谷，日月所照，四时所行，云布风动"(《大体》)。效法自然，顺天地自然之道而行，这样的人，"不以智累心，不以私累己，寄治乱于法术，托是非于赏罚，属轻重于权衡"(《大体》)。弃除主观的智与私，寄托于客观的法，就是"不逆天理"。这样就能"不引绳之外，不推绳之内，不急法之外，不缓法之内；守成理，因自然"(《大体》)。因自然之道，守反形之理，一切以法为准绳。

韩非多以"理"为法纪，除上述外，如《南面》篇说，不任法则事不利，不去欲则臣将自雕琢，"知此者，任理去欲"。《难一》篇说，齐桓公"不能领臣主之理"，而礼小臣稷那样的刑戮之人。《难势》篇说抱法处势，"离理失术"的末之议，怎么可以问难?《制分》篇说，治法之至明者，"任数不任人"，智巧诚有所至，则"理失其量"，这非法使然也，是已有定法而任智巧也。凡此，"理"皆为法纪之义。与道相应的"理"，作为社会人事的客观法则，就是"法"。《主道》篇说："道者，万物之始也，是非之纪也，是以明君守始以知万物之源，治纪以知善败之端。"韩非认为，道为万物之始，则所以成万物者道也，尽稽万物之理者，亦道也。道既为万物之所然，万物之所以成，那么，道可以纲纪万物，故曰"道，理之者也"。而"万物莫不有规矩"(《解老》)，万物既有规矩，则是非也存在于万物之中，故曰"道者……是非之纪也"。道为万物之纪绪，治此，则得万物之是非，

得万物之是非，则知善恶成败之形，故曰"治纪以知善败之端"（《主道》）。韩非以是非为道纪，与老子"能知古始，是谓道纪"不同。老子追求超俗的道，向往反复，能知古始，韩非以是非为道纪面向现实社会，主张法治，以为顺道而立法，道为万理之所稽，故法可以在客观上稽核万物之是非。为人君者，执法以行，就是其宜守之道，《守道》篇论人君能守法而行，"则君人者高枕而守己完矣""道者，……是非之纪也。"与《解老》"道，理之者也"同义。顾广圻说："老子十四章有云：是谓道纪，此当解被也。纪，理也。"王先慎同意顾说。谓"纪、理义同，故道经作纪，韩子改为理"。韩非改"纪"为"理"，除二者义同外，还在于为了引"法"。上已论述，圣人之道，"因天之道，反形之理"（《扬权》）。理和形名相联系，因道反理而立之法就是"督参鞫之"、"刑名参同"（《扬权》）的刑名法术。

韩非的"理"，继承了黄老之学的"名理"和"道理"。《黄帝四经》说："物各合于道者，谓之理，理之所在谓之顺。物有不合于道者，谓之失理，失理之所在谓之逆。逆顺各自命也，则存亡兴坏可知也。"（《经法·论》）物各合于道者便是理，是道尽稽物之理，道在社会人事的体现是理，"极而反，盛而衰，天地之道也，人之理也。逆顺同道而异理，审知逆顺，是谓道纪"（《经法·四度》）。物极必反，是天地自然的规律，也是社会人事的规律，它们同道所表现的特殊性不同。明确了逆顺，也就懂得了"道纪"即"道理"。《文子》说，道是万物的根本，"万物同情而异形"，不同事物各有其理，"故阴阳四时，金木水火土，同道而异理"。他要求人们"循道理之数"，"循理而举事"（《自然》）。黄老之学沟通了天地之道和人事之理。《黄帝四经》提出"道生法"（《经法·道法》）的命题，认为"法"是君主根据"道"制定出来的，"人主者，天地之稽也，号令之所出也"（《经法·论》）。君主是立法者，慎到也说："以道变法者，君长也。"（《艺文类聚》五四引）《文子》也认为："法非天下也，非从地出也，发乎人间，反己自正。"（《上义》）由于法是道这个客观法则在社会人事中的体现，因而法就具有权威性和公正性，它是判断是非的标准。《文子》说："夫法者，天下之准绳也，人主之度量也。"(《上义》)《黄帝四经》说："法者，引得失以绳而明曲直者也。故执道者生法而弗敢犯也，法立而不敢废也。夫能自引以绳，而后见知天下而不惑矣。"君主立法要能"自引以绳"，然后不惑。明曲直得失的办法是审核刑名，"刑名立，则黑白分已"(《经法·道法》)。《黄帝四经》立《名理》一篇，要人们"审察名理"，"循名究理"，做到"是非有分，以法断之"。这正是韩非"道与理应"，"缘道理以从事"和因道反理，"刑名参同"之所因。

二

《解老》开篇就解释《老子》三十八章德篇的"德"，并说："德者道之功。"说明韩非对道的作用功能的重视，对道术应用的关心。韩非说，"德"是内在具有的，"得"是从外界获得的。他用神不游于外，不受外物的诱惑来解释德说："神不淫于外则身全，身全之谓德，德者，得身也。"《礼记·乡饮酒义》："德也者，得于身也。"郑玄注曰："得身者，谓成己。"神不游于外而成己德，"德"是体现"道"的。"道"之与"德"，是事物一般属性和特殊属性的关系。"道"之于"理"，前已论述。这里涉及"理"和"德"的关系。韩非在解释《老子》五十九章"深其根"时说，树木有曼根，有直根。直根是木之所以建生也，曼根是吸收营养，木之所以持生也。而"德"是人之所以"建生"也，"禄"(俸禄)是人之所以"持生"也，"今建于理者，其持禄也久"，故曰深其根。这里把"德"和"理"都作为人主所建生者同等使用，可见，德和理是同一事物的不同方面而言，"德"言事物内在性质，"理"言体现道的具体事物的规律。

《解老》说："身以积精为德，今治身而外物不能乱其精神。"这里，"精"是"神"的别名，韩非是以黄老之学来解释"德"的。"精"是精气，《管子·内业》说："精也者，气之精者也。"人所得的精气，保持而不外淫，就成他的"德"。"神"是精气的神奇灵妙的作用，精至为神，故又称"精神"。《文子》说："正汝形，一汝视，天和将至，摄汝知，正汝度，神将来舍，德将为汝容。"（《道原》）"夫道者，藏精于内，栖神于心。"（《精诚》）内心是藏住精神的地方，正形正心，神将来舍。《管子》说："正形饰德……无以物乱官，毋以官乱心，此之为内德。"（《心术下》）"不以物乱官，不以官乱心，是谓中得。"（《内业》）这里"中得"就是"内德"，是说内心得到精气而成为内在的德。不以物乱官，使精气有畅通的门户，不以官乱心，保持内心和平，精神能住下来。《文子》说："夫孔窍者，精神之户牖也。……精神驰骋而不守，祸福之至虽如丘山，无由识之矣，故圣人爱而不越……精神内守形骸而不越，即观乎往世之外，来事之内，祸福之间可足见也。故其出弥远者其知弥少，以言精神不可使外淫也。"（《九守》）韩非正是这样来理解的，他说身以积精为德，"今治身而外物不能乱其精神"，又说："精神不乱之谓有德"。（《解老》）保持内心和精气不从空窍跑掉，人就可以聪明智慧而神明。《喻老》说："空窍者，神明之户牖也，耳目竭于声色，精神竭于外貌，故中无主。中无主则祸福虽如丘山，无从识之。故曰不出户可以知天下，不窥于牖，可以知天道。此言神明之不离其实也。"神明不离其实就是精神不使外淫，则身全之谓"德"。

如何保持精神而不使外淫呢？韩非认为，以"无为"则精气聚集于心，以"无欲"则集于心的精气成其德，以"无思"则德安于心，以"不用"则德固其所。为之欲之，则德无所止，用之思之，则德外淫而无功。无功生于有得，于外有得，则于内有失。是以有得则无德，不得则有德。有德之君，可执道以御民；有德之民，不求外得，则不为非作歹，而不犯法禁。这也是《文子》说的："静漠恬淡以养生，和愉虚无以据德，外不乱内，即性得其宜，静不动和，即德安其位，养生以经世，抱德以终年。"（《九守》）道家要人保持精气，其目的是要保持生命，老子尤其如此。黄老家要人保持精气，是要人养生以经世。而韩非要人持守精气，"重积德"，还在于人发挥聪明才智，去控制自然，战胜敌人。他说："积德而后神静，神静而后和多，和多而后计得，计得而后能御万物，能御万物则战易胜敌，战易胜敌而论必盖世，论必盖世故曰无不克。"（《解老》）

韩非说："为之欲之，则德无舍。"（《解老》）"舍"是馆舍安止的意思，是借用黄老学说。《管子》说："虚其欲，神将入舍，扫除不洁，神不留处。"（《心术上》）"定心在中，耳目聪明，四肢坚固，可以为精舍。"（《内业》）精舍就是精气所住的宿舍。虚其欲，精气才会来到宿舍，嗜欲不扫除清洁，精气也不会住下来，因此，要保持内心的虚静。所以韩非说："思虑静，故德不去，孔窍虚，则和气日入，故曰重积德。"（《解老》）

韩非的虚静与老子不完全相同，老子强调"致虚极，守静笃"（《十六章》），说"圣人之治，虚其心，实其腹"（《三章》）。虚静为绝对的空明宁静，"岂虚言哉"（《二十二章》），则虚为空。韩非认为，虚静不是空虚宁静，他并不否认人有思虑、有意欲。并认为君主的思欲是官治国富兵强，霸王之业成（见《六反》篇）；臣民的思虑为离罚受赏。韩非的虚静，是本其师说"虚壹而静"（《荀子·解蔽》）对黄老之学的吸取。他说："所以贵无为无思为虚者，谓其意无所制也。"（《解老》）心不为某事物所支配，虚是自然的虚，如果有意为虚，故意以无为无思为虚，是"制于为虚"，就不是虚，所以说："虚者，谓其意无所制也。"（《解老》）这样的虚就德盛，就是上德，故曰："上德无为而无不为也。"（《解老》）不以"无为"为"有常"的虚，就能达到"无不为"的思想，是黄老之学给了韩非很大的启示。文子说："欲在于虚，则不能虚，若夫不为虚而自虚者，此所欲而无不致也。"（《道德》）文子不为虚而自虚，则所欲无不致的思想，是道家"无为而无以为"到法家"无为而无不为"的中介。

这里值得注意的是《老子》三十八章说，"上德无为而无以为"。王弼本同帛书《老子》甲、乙本，均作"无以为"。而傅奕古本篇和范应元古本集注本"无以为"作"无不为"，很可能就是因《解老》而改"以"为"不"。以致读《解老》者如顾广圻也认为，《老子》"无为而无以为"作"以"为非。"无以为"是顺任自然，无心而为之，韩非改作"无不为"，正是与老子不同所在。老子以各守其朴，不干政事为无为，强调无心作为；韩非借老申其意，顺道立法，按法治众，不以智虑处事为无为，强调无不为。韩非说："夫物者有所宜，材者有所施，各处其宜，故上下无为。"（《扬权》）上下循法，则上下各处其宜，在下者尽职而不窥上，居上者而不虑下；下不事智以邀功，上不用刑以惩奸，故上下无为，各司其职，达到无不为之目的。

"各处其宜，故上下无为"，是韩非对"无为"的定义。这样的无为，就可以"无不为"。这种主张在《韩非子》书中，到处可见。如前引《大体》所说，"守成理，因自然"，"上下交朴，以道为舍"。上下无为，以法为趣舍，就是无为而无不为之旨，有道之君，未尝不因资而用，乘众人之智，用众人之力。文子说："夫人君不出户以知天下者，因物以识物，因人以知人，故积力之所举，即无不胜也，众智之所为，即无不成也。"（《下德》）韩非《喻老》也认为："能并智，故曰不行而知，能并视，故曰不见而明，随时以举事，因资而立功，用万物之能而获利其上，故曰不为而成。"

韩非对仁义礼的解释，也自有定义。《解老》说："仁者，谓中心欣然爱人也，其喜人之有福，而恶人之有祸也。"这喜福恶祸的爱人，发自内心，不能自已。义是君臣父子朋友等人际关系的适宜，"义者，谓其宜也"。韩非的仁义与儒家有什么不同呢？"行惠施利，收下为名，臣不谓仁。离俗隐居，而以作非上，臣不谓义。"（《有度》）行惠施利之仁，不宜于俗之义，是儒家的仁义，韩非不取。例如有处士小臣谡，齐桓公三往弗得见，桓公收下为名，于是五往乃得见。韩非说，"桓公不知仁义"。如果桓公将欲有齐国，而请小臣谡治其国，以万乘之势，下匹夫之士，而小臣谡不行至朝受官职爵禄，这小臣之"忘民"，"忘民，不可谓仁义"，没有仁义，而桓公又从而礼之，所以说"桓公不能领臣主之理"(《难一》)。礼是文饰内心情意的,是君臣父子朋友等人际关系的节文条理,"礼者,外节之所以谕内也"。如父子之间,"其礼朴而不明",出于自然,质朴无伪,不必繁文以明之。可是,"今为礼者,事通人之朴心,而资之以相质之分,能毋争呼? 有争则乱"(《解老》)。现今为礼者以贯通人之淳朴之心,以扰动人心为事,因而,人受礼的束缚,有礼则有无礼之忿怨,忿怨则斗争,斗争则乱。可见,韩非所谓仁义礼使人与人不行私斗,守公而不相侵,各遵法度为目的。他说:"夫仁义者,忧天下之害,趋一国之患,……不失人臣之礼,不败君臣之位者也。"(《难一》)"臣事君,子事父,妻事夫,三者顺则天下治,三者逆则天下乱,此天下之常道也。"(《忠孝》)

喜人之有福,恶人之有祸,故"明主立可为之赏,设可避之罚"(《用人》)。贤者勉励为善而无祸,不肖者少罪而无刑,盲者处平地而不会遇到深山溪谷,愚者守静不妄动而免陷危险。如此,"则上无私威之毒,而下无愚拙之诛","上下恩结矣"(《用人》)。明法信赏,上下恩结而相亲,这就是《解老》所谓"两不相伤则德交归焉。言其德上下交盛而俱归于民也"。民犯法令则叫作民伤上,上刑戮民叫作上伤民,民不犯法则上不行刑,这是韩非主张严刑重罚,以刑去刑的理论根据。

民犯法,固然是民伤上,但上陷民于刑,则亦为上伤民,只有严刑重罚,使民不敢犯法,则上亦无伤于民。《内储说上》记载,"殷法刑弃灰"而"公孙鞅重轻罪"。(按:《盐铁论·刑德》:"商君刑弃灰于道而秦民治。") 韩非借子贡和孔子问答说,刑弃灰于街者,子贡以为重刑,而问孔子,孔子说:"知治之道也。"为什么是知治之道呢? 因为弃灰于街,灰尘播扬,掩翳人眼,人们必怒,怒则斗,斗必三族相残害,"此残三族之道也,虽刑之可也"。重刑是人之所恶,而不弃灰于街,是人们所容易做到的,而使人不蒙受其所恶的重刑,所以说"此治道也"。商鞅"重轻罪"之法,也就是这个道理,所以韩非直引商鞅的话说："行刑重其轻者，轻者不至，重者不来，是谓以刑去刑。"所以韩非说，明主治国，"众其守，重其罪，使民以法禁，而不以廉止。母之爱子也倍父，父令之行于子者十母，吏之于民无爱，令之行于民也万父，……故法之为道，前苦而长利，仁之为道，偷乐而后穷；圣人权其轻重，出其大利，故用法之相忍，而弃仁人之相怜也。"（《六反》）重其罪，以法禁，以期达到以刑去刑，这与仁之为道相反，是先苦而长利的"爱民"。韩非继承和发展了商鞅重轻罪和"法者，所以爱民也"（《商君书·更法》）的思想。

韩非还从老子祸福倚伏的思想，寻求其严刑重罚的理论根据。《解老》说，人有祸则心里就恐惧，心里恐惧其行为就小心端正，行为端正则无祸害，无祸害则能尽天年。同时，心恐惧，则他的思虑就成熟，"思虑成熟则得事理"，得事理则举事必成功。人能尽天年，举事必成功，则"全而寿"，"富而贵"，全寿富贵这就是"福"。严刑重罚，人们总以为是"祸"，既以为是祸，因而畏惧而不敢为非，不敢为非就能尽职守法，凡能守法尽职就能得到庆赏而致富贵，这就因祸而得福。福本于有祸，故曰"祸兮福之所倚，以成其功也"。相反，福也伏匿于祸，祸本生于有福。所以喜人之有福，恶人之有祸，权其轻重，出其大利，行刑重其轻者，人以为祸，从而达到轻者不至，重者不来，以刑去刑，造福人民。

说明：此文刊载于 1996 年 8 月第 10 辑《道家文化研究》。

韩非读过《文子》

——谈《文子》的年代与原始道家的关系

《文子》这本书，过去被认为是伪书，在中国哲学史上，也没有文子这个哲学家。1984 年，我在《文子道论》(载《复旦学报》第 3、4 期)，考辨了《文子》不是伪书，而是汉初已有的先秦古籍。1988年，出版了《文子要诠》，对文子全文作了校注，进一步肯定了文子书是先秦古籍，并论述了文子解说老子之言，阐发老子思想，继承和发展了原始道家"道"的学说，及其在哲学史中的地位。对此，学界非常关注。目前，对《文子》不伪，已趋向共识，但对《文子》的年代，尚存在分歧。

著名学者张岱年先生在"试谈《文子》的年代与思想"(载《道家文化研究》1994 年第 5 辑) 中，改变了《文子》抄袭《淮南子》因而是伪书的看法，认为"不是《文子》抄袭《淮南子》，而是《淮南子》抄袭了《文子》的文句"。提出了"《文子》的著作年代，最早不能早于战国后期，最晚不能晚于汉景帝时。我的初步推断是，《文子》一书是汉文景之时黄老学派的著作"。

我认为《文子》是汉初已有的先秦古籍，这还可从《韩非子》中，看出战国晚期的韩非曾读过《文子》，则《文子》的著作年代，当为战国中后期。

《韩非子·内储说上》必罚二："赏誉薄而谩者下不用，赏誉厚而信者下轻死。其说在文子称若兽鹿。"说三："齐王问于文子曰：治国何如？对曰：夫赏罚之为道，利器也。君固握之，不可以示人。若如臣者，狱兽鹿也，唯荐草而就。"齐王和文子问答如何治国，这里的齐王，我以为是齐平公，也即《文子·道德》中的"平王"。史载齐简公四年（公元前481年）田常杀简公，立简公弟骜为平王（公元前480年—前456年在位），田常为相。"田常言于齐平公曰：德施人之所欲，君其行之；刑罚人之所恶，臣请行之。行之五年，齐国之政皆归田常。"（《史记·田敬仲完世家》）文子以其老师老子的话："国之利器不可以示人"说予齐平公，是合理合情的。《庄子·胠箧》同样记载"田成子一旦杀齐君而盗其国，所盗者岂独其国邪，并与其圣知之法而盗之"。后引老子"故曰，鱼不可脱于渊，国之利器不可以示人"。庄子发挥"绝圣弃知"的道理，文子以"国之利器"的"赏罚之道，君固握之"，说齐平公是切实际的。① 在文子看来，赏罚犹兽鹿唯荐草而就一样，人臣归厚赏，能轻死而效命。这种思想在《文子》可见。今本《文子·道德篇》中，幸存"平王问文子曰……平王曰：寡人敬闻命矣。"平王所问，有问道、问德，问圣知、问政。问古之王者以道莅天下如何，王道有几，王者如何得人民的欢心等治国问题。这些，在河北定县汉墓《文子》残简，都得以证明。值得注意的是，其中平王问政，文子曰："御之以道，养之以德……"又曰："上言者下用也，下言者上用也，上言者常用也，下言者权用也，唯圣人为能知权。"（《道德》）定县汉墓《文子》残简也有"平王曰：为正（政）奈何？文子曰：御之以道，……"《淮南子·氾论训》抄此称："昔者周书有言曰：上言者下用也，下言者上用也，上言者常也，下言者权也。"韩非说善相马的伯乐，"教其所憎者相千里之马，教其所爱者相驽马，千里之马时一，其利缓，驽马日售，其利急。此周书所谓：下言而上用者惑也。"（《韩非子·说林下》）对此，孙诒让说：此所引盖《逸周书》佚文，并引《淮南子·氾论训》说，两文同

① 详见拙著《文子其人考》，载《道家文化研究》1994年第4辑。

出一源，而意旨不甚明晰。以高诱注推之，似谓上言而下用之者为事之常，下言而上用之者则为权时暂用。此言"下言而上用者惑也"，"惑"古字与"或"通用，"或"亦不常用之言。韩非引之者，以况千里马时一，其利缓，犹下言上用之不可为常耳。孙氏解"惑"为不常用之言，与"权"略同，这是对的。但他不知韩非所引和淮南子所引，同出《文子》，而误认为同源于《逸周书》佚文，而将文子"上言者常用也，下言者权用也"，认为是隐袭《淮南》书语，则更错。从韩非所引文子之言称"此周书所谓"，可明韩非读过《文子》，从韩非所称"此周书所谓"，淮南子称"昔者周书有言曰"，可明《文子》是秦以前的"周书"。

说韩非曾读过《文子》，除称引其书外，还有其思想来源于文子。《韩非子·解老》："凡道之情，不制不形，柔弱随时，与理相应。万物得之以死，得之以生；万事得之以败，得之以成。道譬诸若水，溺者多饮之即死，渴者适饮之即生。譬之若剑戟，愚人以行忿则祸生，圣人以诛暴则福成。故得之以死，得之以生，得之以败，得之以成。"王先慎《韩非子集解》曰："故下当有曰字，'得之以死'四句，老子各本无，盖佚文也。"陈鼓应先生在《历代老子注书评介》说："在老子书上，只说过得到道，万物可以生可以成，却没有说过得到道会死败的。韩非这段话只能当作他自己的说法，与老子思想无关。"[1]王氏说"得之以死"四句，是老子佚文，固然不对，陈先生说与老子思想无关，也非如此。韩非解老，是借《老子》之言，以立其说，以申其意，顺道立法，为法治立理论根据。因此，常给人以曲解《老子》之感。然其以刑名法术解释《老子》，"而其归本于黄老"(《史记·韩非列传》)。韩非这里所说，就是源于《文子》："大常之道，生物而不有，成化而不宰，万物恃之而生，莫之知德，恃之而死，莫之能怨。"(《道原》)顺道立法，以法行赏而不德，以法行罚而不怨，这种思想，

---

① 见《老子注译与评介》，中华书局 1994 年，第 352 页。

在《韩非子》中屡见不鲜。这里，"万物恃之而生……恃之而死"就是韩非说"故得之以生，得之以死"所本。"蹇叔处干（按：干，吴也）而干亡，处秦而秦霸，非蹇叔愚于干而智于秦也，此有君与无君也。"（《难二》）这就是得之以败，得之以成之例。

韩非以《老》申其意，多有与《老子》原意不符之处，实则本于黄老。而《文子》解说老子之言，阐发老子思想，吸收了儒法名墨等思想，使之融合于道的思想中，从而发展了原始道家"道"的学说。明初宋濂说："予尝考其言，壹祖老聃，大概道德经之义疏尔……盖老子之言宏而博，故是书杂以黄、老、名、法、儒、墨之言以明之。"（《诸子辨》）韩非以黄老之学作为法治的理论根据，因为黄老之学含有刑名法术。如原始道家强调无为无欲，要人保持精气，其目的是要保持生命；黄老家强调无为无欲，是要人养生以经世。如文子说："静漠恬淡以养生，和愉虚无以据德，外不乱内，即性得其宜，静不动和，即德安其位，养生以经世，抱德以终年。"（《九守》）而法家韩非强调无为无欲，是要人持守精气"重积德"，这样才能发挥人的聪明才智，去控制自然，战胜敌人。他说："积德而后神静，神静而后和多，和多而后计得，计得而后能御万物，能御万物则战易胜敌。"（《韩非子·解老》）由此看出，黄老之学是由原始道家思想，到韩非法治思想的哲学理论中介。例如老子的"上德无为而无以为"，到韩非的"上德无为而无不为"。

《韩非子·解老》："所以贵无为无思为虚者，谓其意无所制也。夫无术者，故以无为无思为虚也。夫故以无为无思为虚者，其意常不忘虚，是制于为虚也。虚者，谓其意无所制也。今制于为虚，是不虚也。虚者之无为也，不以无为为有常，不以无为为有常则虚，虚则德盛，德盛之谓上德，故曰：上德无为而无不为也。"这里值得注意的有如下几点：

首先，韩非的"虚"与原始道家老子的不完全相同。老子强调"致虚极，守静笃"（《老子》十六章）。虚静是为绝对的空明宁静。又

162

说："圣人之治，虚其心，实其腹。"（《老子》三章）"岂虚言哉"，虚实对言，则虚为空。韩非的"虚"，是本其师说，"虚壹而静"。荀子在齐稷下学宫，三为祭酒，深受黄老之学影响，他所谓"虚"，"不以所已藏害所将受，谓之虚。"这与老子所谓"虚"是不同的。而文子说："虚者，中无载也……嗜欲不载，虚之至也。"（《道原》）虚就是心中不载嗜欲，这就是韩非"凡德者，以无为集，以无欲成，以不思安，以不用固"（《解老》）而成德盛的虚的由来。

其次，韩非的"无为"与老子也有别。老子的无为，由其弟子文子发展为无为而治，提出"无为者，治之常也"。无为不是什么事都不干，并非无所作为，"所谓无为者，非谓其引之不来，推之不去，迫而不应，感而不动，坚滞而不流，卷握而不散，谓其私志不入公道，嗜欲不挂正术，循理而举事，因资而立功，推自然之势，曲故不得容，事成而身不伐，功立而名不有"（《自然》）。所谓"无为"，就是不以主观成见和好恶妨害道，也就是《道原》篇所说："无为而无不为也，无治而无不治也。所谓无为者，不先物为也；无治者，不易自然也；无不治者，因物之相然也。"先物为是主观盲动，韩非说："先物行先理动之谓前识，前识者，无缘而妄度也。"（《解老》）这种先事行先法动，就是"去规矩而妄意度"（《用人》），就一定要失败。"夫缘道理以从事者无不能成。……夫弃道理而妄举动者，虽上有天子诸侯之势尊，而下有猗顿、陶朱、卜祝之富，犹失其民人而亡其财资也。"（《解老》）这就是韩非将一之以法，按法治众，不以智虑处事为无为。他说："夫物者有所宜，材者有所施，各处其宜，上下无为。"（《扬权》）上下一之以法，则上下各处其宜，在下者尽职而不窥上，居上者而不虑下；下不事智以邀功，上不用刑以惩奸，各司其职，故上下无为，达到无不为之的目的。这样的思想和主张，在《韩非子》中到处可见。其思想所本，就是文子的循理而举事，因资而立功，"循名责实，使自有司……百官之事，各有所考"（《上仁》）。

第三，《老子》三十八章说："上德无为而无以为。"王弼本同帛书《老子》甲、乙本，均作"无以为"，傅奕古本篇、严遵注本、范应元古本集注本，"无以为"作"无不为"，很可能就是因韩非最早解释老子，而依《解老》改"以"为"不"，而不知韩非借《老》申其意，与老子本意有别。以致后来读《解老》者，如顾广圻曰："《老子》无为而无以为，作以为非。唐傅奕校定本作不，与此合。"俞樾读《老子》曰：《韩非子解老篇》作"上德无为而无不为"，盖古本如此，今作"无以为"者，涉下"上仁"句而误耳。朱谦之《老子校释》认为，"碑文作无以为，是也。……上德无为而无以为，较之上德无为而无不为，于义为优。"林希逸《老子口义》曰："以者，有心也，无以为，是无心而为之也。"老子"无以为"韩非改作"无不为"，正是老子与韩非不同所在。无以为是顺任自然，无心而为之，以各守其朴，不干政事为无为，强调无心作为；而韩非承文子，"无为者，治之常也。"（《自然》）"无为而无不为也，无治而无不治也"（《道原》），强调上下无为，以法为趋舍的无不为。不以无为为有常的"虚"，就能达到无不为的思想，是黄老之学给了韩非很大的启示。文子说："欲在于虚，则不能虚，若夫不为虚而自虚者，此所欲而无不致也。"（《道德》）文子不为虚而自虚，则所欲无不致的思想，是原始道家"无为而无以为"，到法家"无为而无不为"的中介。从思想上的因承，可见韩非是读过《文子》的。

韩非读《文子》，除了从中吸取其法治理论根据外，还因为《文子》中含有法术思想。文子说："天下几有常法哉？当于世事，得于人理，顺于天地，详于鬼神，即可以正治矣。"（《上义》）他从三皇五帝、夏商周三代的变迁，认为"故法度制令者，论民俗而节缓急，器械者，因时变而制宜适……夫知法之所由生者，即应时而变，不知治道之源者，虽循终乱。"他反对当时的"今为学者"，"循先袭业，握篇籍，守文法，欲以为治，非此不治"的守旧者，提出"苟利于民，不必法古，苟周于事，不必循俗。故圣人法与时变，礼与俗化，衣服器械，各便其用，法度制令，各因其宜。故变古未可非，而循俗未足多也。"(《上义》)"先王之制，不宜即废之，末世之事，善即著之。"
(《上礼》) 而应该"应时权变，见形施宜，世界则事变，时移则俗易，
论世立法，随时举事"(《道德》)。战国中期的齐法家和商鞅，都是如
此主张。这就是韩非"不期修古，不法常可，论世之事，因为之备"，
"世异则事异，事异则备变"的根源。(《五蠹》) 所以韩非说："不知
治者，必曰：无变古，毋易常。变与不变，圣人不听，正治而已。然
则古之无变，常之毋易，在常故之可与不可。"(《南面》)"不知治者"
就如文子所指"不知治道之源"的"学者"，亦如商鞅批评的"圣人
不易民而教，知者不变法而治"的甘龙之辈的守旧者。(见《商君
书·更法》)这里的"正治"，就是上述文子所谓的"正治"，也就是
治道之源的"道"，它是"当于世事，得于人理，顺于天地，详于鬼
神"。也即《文子》残简"有道之君"的"道"。简文作"有道之君天
举之，地勉之，鬼神辅"。这在《黄帝四经》中称之为"前道"。《十六
经·前道》曰："圣人举事也，合于天地，顺于民，祥于鬼神……故
王者不以幸治国，治国固有前道，上知天时，下知地利，中知人事。"

符合天地之道和世事人理而制定的法，就不能再时时变更。文
子说："善治国者，不变其故，不易其常。"(《下德》) 这是什么意思
呢？文子说："万物之总，皆阅一孔，百事之根，皆出一门。故圣人
一度循轨，不变其故，不易其常，放准循绳，曲因其常。"(《道原》)
汉初贾谊《道术》曰："缘法循理谓之轨。"依循制定的法，判断曲
直是非，这不能变更。而且统治者要做出榜样，"大人以善示人，不
变其故，不易其常，天下听令，如草从风"(《精诚》)。本此，韩非在
《解老》中说："有道之君贵静，不重变法，故曰：治大国若烹小鲜。"
他认为"法已定矣，不以善言害法。"(《饬令》)"令朝至暮变，暮至朝
变，十日而海内毕矣。"(《难一》) 所以韩非批评申不害说："申不害
不擅其法，不一其宪令则奸多……"(《定法》)

张岱年先生在"试谈《文子》的年代与思想"中说，《文子》虽
然未抄《淮南》，却抄袭了《庄子》、《孟子》等书。文子虽为春秋末

年和战国初期人（见《文子其人考》），然《文子》书非一人一时所为，可能成书于战国中后期，与《庄》、《孟》大致同时期。《文子》与《庄子》、《孟子》，很难说是谁抄谁的，尤其是学派相同、时代相近的著作，因此，这还需要进一步考察和研究。如张先生说，从《文子·九守篇》"故其生也天行，其死也物化，静即与阴合德，动即与阳同波"（语见《庄子·刻意》）就认为是抄袭《庄子》，这就未必。"天行"这概念，除《九守》篇外，《上德》也有："天行不已，终而复始，故能长久，轮得其所转，故能致运，天行一不差，故无过矣。"论说完备，故《九守》曰："所谓圣人者，因时而安其位，当世而乐其业……故其生也天行，其死也物化，……"而《庄子》将此分述于两篇。《刻意》曰："故圣人之生也天行，其死也物化……"《天道》曰："知天乐者，其生也天行，其死也物化……"为什么不可能是《庄子》抄《文子》呢？张恒寿先生在《庄子新探》中说，"清张汝纶以为《刻意》作《淮南子》以后"。他自己认为，《刻意》篇是将原始道家的恬淡无为，向神仙养生方向发展。这种变化，最早不能先于秦皇统一时代。"认为"《天下》篇为秦汉间道家派所作"。如果其说成立，则可说《庄子》抄袭《文子》。因此，我以为《文子》和《庄子》，还不能说定谁抄袭谁。再则，"天行"这概念是比较早的。《国语·晋语》："岁在大梁，将集天行。"注曰："集，成也。行，道也。言公将成天道也。"《黄帝四经·十六经·正乱》曰："夫天行正信，日月不处，启然不怠，以临天下。"《易乾象传》曰："天行，健（乾），君子以自强不息。"《蛊象》曰："终则有始，天行也。"《剥象》曰："君子尚消息盈虚，天行也。"《复象》曰："反复其道，七日来复，天行也。"而对"天行"论述比较完备的，当数《文子》。所以，这是尚待进一步考察和研究的问题。

张岱年先生说，《精诚》篇曰："是谓坐驰、陆沉。""坐驰"一词见《庄子·人间世》，"陆沉"一词见《庄子·则阳》。在《庄子》书中都有上文，《文子》只引用了这两个名词，显然在《庄子》之后。

我以为这也未必。张恒寿先生认为，"《人间世》篇的主要章节，非庄子作品。"他把《人间世》篇分为七章，前三章是一类，后四章是一类。"前三章（至少是第一章）不可能产生在比屈原较早的庄周时代，是无可怀疑了。"（见《庄子新探》）因此，也不能说定是《文子》抄《庄子》，也有可能是《庄子》两篇中分述《文子》的"坐驰陆沉"。至少不能肯定谁抄谁，所以需进一步研究。

但是，根据张岱年先生所说的逻辑，《精诚》篇曰："是谓坐驰陆沉"，显然在《庄子》之后，是《文子》抄袭《庄子》，则可否定张先生说的"《文子》所谓'明于天人之分'恐系本于荀子"。而能证明《文子》早于《荀子》。《荀子·正论》："日祭月祀，时享岁贡，夫是之谓视形势而制械用，称远近而等贡献，是王者之制也。彼楚越者，且时享岁贡终王之属也，必齐之日祭月祀之属，然后曰受制邪？是规磨之说也。"唐杨倞注曰："规磨之说，犹言差错之说也。规者，正圆之器，磨久则偏，尽（按：应作'画'）而不圆，失于度程也。文子曰：水虽平，必有波，衡虽正，必有差。韩子曰：规有磨（按：韩非作'摩'，通'磨'）而水有波，我欲更之无奈之何，此通于权者（按：韩非作'之'）言也。"值得注意的是，杨倞先引文子，后引韩子，是认为《文子》在《韩非子》之前。杨倞注引《文子》不全，《上德》篇曰："水虽平，必有波，衡虽正，必有差，尺虽齐，必有危，非规矩不能定方圆，非准绳无以正曲直，用规矩者，亦有规矩之心。"荀子概括为"规磨"之说，说其所要说。按张岱年先生的逻辑，《荀子》显然在《文子》之后。那么，《文子》所谓"明于天人之分"本于《荀子》，也不能成立。

我以为，以张岱年先生的逻辑推论，是不能成立的。但是，"明于天人之分"是谁本于谁，是可以求证的。《文子·上义》曰："凡学者，能明于天人之分，通于治乱之本，澄心清意以存之，见其终始，反于虚无，可谓达矣。"《微明》曰："善否同，非誉在俗，趋行等。逆顺在时。知天之所为，知人之所行，即有以经于世矣；知天而不知人，即无以与俗交，知人而不知天，即无以与道游。"明于天人之分，表现在知天之所为，知人之所为，以达到"有以经于世"。《庄子·大宗师》说："知天之所为，知人之所为者，至矣。知天之所谓者，天而生也；知人之所为者，以其知之所知以养其知之所不知，终其天年而不中道夭者，是知之盛也。"知天之所为，知人之所为，也是讲天人关系的。《荀子·天论》说："明于天人之分，则可谓至人矣……如是，则知其所为，知其所不为矣。则天地官而万物役矣。"荀子明于天人之分，也是知人之所为，知人之所不为，以达到任天地而役万物。三子都讲知人知天，都是讲天人关系，但他们之间又有所不同。

庄子认为，极至之知，在于知人知天，即对人的有限之知和自然无限之知的认识，以知人的有限所知，去认识那自然的所不知的无限部分，直到死亡，这是一般人认为的"知之盛也"。然而，这是不行的，"夫知有所待而后当"。而有所待是变化不同的，因而知就失去可当的标准，不仅不知之知不能知，而且所知也成问题，"知者之所不知，犹睨也"（《庚桑楚》）。知者自持其知去知那所不知，如同斜眼看东西总是看歪了。庄子反对人们那接物之知和谋虑之知（小知），追求真知（大知）。他说："且有真人，而后有真知。"（《大宗师》）真知不只是知识，而是一种智慧，是对智慧的理解体悟。知识是可估量的，智慧则是无穷极的，表达了庄子对人和自然融为一体的观点。

文子认为，善与不善没有区别，说它是善或是不善在于俗。趋行也一样，说它是顺或是逆在于时，心意清静，返于虚无，终则如始，可说是通于天人关系，既知自然，也知人事，则可用来经世治国，以无为之道，行无为之治。庄子将原始道家的"道"，引向理想的境界；文子把原始道家的"道"，引向"经世"的现实。

荀子认为，天和人各有自己的职分，天成就了万物，但不知它如何成就万物的形迹，不为而成，不求而得，这就是天的职分，"唯圣人为不求知天"。既然天道难知，圣人但修人事，不加能加虑于知天，做人应该做的事。这样，就知人之所为，知人之所不为了，则任天地而役万物了。荀子但修人事，强调人为，参于天地。从文子和荀子的思想脉络看，荀子似在文子之后，"明于天人之分"恐系本于《文子》。

张岱年先生以《文子·下德》"身处江海之上"章，与《庄子·让王》和《吕氏春秋·审为》有关章对照，认为《庄》、《吕》所载是魏牟与詹何的对话，其中语句乃有感而发，詹何是针对魏牟的情况而立论，显然是《文子》抄袭《庄》或《吕》的词句。检《庄》、《吕》相同，只是将《文子》之言分为魏牟与詹何对话，内容并无增减与不同。这种情况，像《淮南子》抄袭《文子》的语句，加以润色扩充历史故事者，多有之，因此，不足以证明是《文子》抄袭《庄》、《吕》。张先生又说："《庄子·让王》不知作于何时，《吕氏春秋》成于战国之末，《文子》此节不可能早于战国后期。"据张恒寿先生说："《让王》为秦汉人抄袭《吕氏春秋》而成的文字，绝无可疑。"（见《庄子新探》）《吕氏春秋》与《韩非子》大致同时期。韩非读过《文子》，称引文子并吸收其思想观点，为什么众多人写成的《吕氏春秋》，不可能抄袭其前的《文子》呢？

张岱年先生以《文子·道原》有一段话："人生而静，天之性也……不能反已，而天理灭矣。"又见于《淮南子·原道训》和《礼记·乐记》，认为"《乐记》……其实出于《淮南》，则《淮南》本于《文子》。《乐记》成于汉武帝初年，《淮南》成于汉景武之际，如此，《文子》书的撰作年代不能晚于汉景帝时。"说《淮南》本于《文子》，为什么不能是先秦旧著，而一定是文景之时的著作？董仲舒与淮南王是同时期人，董仲舒本传记载："古人有言曰：临渊羡鱼，不如退而结网。"这"古人有言曰"，就是《文子·上德》说："临河欲鱼，不若归而织网。"如果是文景时人，董仲舒就不会称"古人"，因为此话上文说"汉得天下以来"，称汉、或圣汉就可以了。所以称"古人"，至少是汉代之前。因此，说《文子》是文景之时的著作，是缺乏根据的。

张岱年先生还以《文子·上礼》"世之将丧性命"章，正是赞述汉代初年承战国之后，统一天下，执行与民休息政策的情况，这也是《文子》作于文景之世的证明。我以为《文子·上礼》第七章："世之将丧性命，犹阴气之所起也，主暗昧而不明，道废而不行，德灭而不扬……壳龟无腹，著筮日施。"是讲道德废弃的桀纣之时。"天下不合而为一家，诸侯制法各异习俗。……兼国有地，伏尸数十万，老弱饥寒而死者，不可胜计。"是讲春秋战国形势。"自此之后，天下未尝得安其性命，乐其习俗也。"这是对上述的概括。接着，是对未来的期望："圣贤勃然而起，持以道德，辅以仁义，近者进其智，远者怀其德，天下混而为一，子孙相辅佐……循大常，隳枝体，黜聪明，大通混冥，万物各复归其根。"这形似连五帝之道，而实反映了战国中期齐国欲王天下的帝王之业。

"百家言黄帝，荐绅先生难言之。"（见《史记·五帝本纪》）儒家祖述尧舜、宪章文武，罕言三皇五帝。道家不同，"能知古始，是为道纪"（《老子》）。由黄帝而神农而伏羲，这种据近以及远明道同、以远喻近为之劝的做法，构成中国文化托古的传统。诸子百家皆托古，然所托之古不同。道家老子的理想国是，"使人复结绳而用之，甘其食，美其服，安其居，乐其俗，邻国相望，鸡犬之声相闻，民至老死不相往来。"（《老子》八十章）《庄子》将这说成是"至德之世"，当伏羲神农之时。（见《胠箧》）《文子》也说："伏羲氏之王天下也……其民童蒙不知东西，视瞑瞑，行蹎蹎。"认为黄帝虽在伏羲之下，但其"从天地之固然"，"道德上通"，与伏羲一脉相承。（见《精诚》）"古者三皇，得道之统。"（《道原》）因而，依托三皇五帝，是道家传统。

"黄帝"之名，最早见于齐威王纪念其先祖功德的礼器上，据《陈侯因》记载："唯正六月癸未，陈侯因曰：皇考孝武桓公恭哉！大谟克成。其唯因，扬皇考昭统，高祖黄帝，迩嗣桓文，朝问诸侯，合扬厥德，诸侯贡献吉金，用作孝武桓公祭器敦，以蒸以尝，保有齐邦，叶万子孙，永为典常。"（郭沫若《两周金文辞大系》）陈侯因就是齐威王田因齐，他赞扬先祖的功德，最早的先祖就是黄帝。一方面把自己说成是黄帝之胄，黄帝战胜炎帝的传说，成为田氏代替姜氏（炎帝之胄）的合理性；另一方面，黄帝又成为其称雄天下，继承黄帝王天下伟业的旗帜。反映了齐威王励精图治，国力强大，"诸侯东面朝齐"（《史记·孟荀列传》），子孙万代，永为典常，保有齐邦，统一天下的愿望。齐威王、宣王时，游学齐国的孟子，就认为齐国有希望统一天下。他说："诸侯之宝三：土地、人民、政事。"（《孟子·尽心下》）齐国已据有二。"夏后殷周之盛，地未过千里者也，而齐有其地矣；鸡鸣狗吠相闻而达乎四境，而齐有其民矣。地不改辟矣，民不改聚矣，行仁政而王，莫之能御也。"在孟子看来，齐国只要在"政事"上行仁政，"以齐王，由反手也"（《公孙丑上》）。由于当时"天下方务于合纵连衡，以攻伐为贤，而孟轲乃述唐虞三代之德，是以所如者不合。"（《史记·孟荀列传》）

打着黄帝的旗号，以道家思想为基础，兼采儒家名法阴阳，构成以道为本，因循为用，仁义礼法为具，帝统和道统结合成纲纪道德，经纬人事的黄老之学，是齐国统治者所需要的精神力量和理论武器。《文子》和《管子》中，帝王霸联提出"王天下"思想，反映了齐国图强争霸，进而称王称帝统一天下的愿望。"帝者天下之适也，王者天下之往也，不适不往，不可谓帝王。"（《文子·道德》）"帝者贵其德，王者尚其义"（《文子·自然》）是《文子·上礼》所期望的"贤圣勃然而起，持以道德，辅以仁义"，"帝者体太一，王者法阴阳"（《文子·下德》）。"无为者帝，为而无以为者王"（《管子·乘马》），正是《文子·上礼》所说的"天下混而为一，子孙相代辅佐……循大常……大通混冥，万物各复归其根"的循道理之数，因天地之然的帝王之道。

人们总是习惯于用《淮南子》来解释上述《文子·上礼》，首先，因为过去总认为《文子》抄袭《淮南子》；其次，因为《淮南子》在解释"天下未尝得安其情性，而乐其习俗"说："天而不夭于人虐也，所以然者何也？诸侯力征。"接着说："天下不合而为一家，逮至当今之时，天子在上位，持以道德，辅以仁义……"(《览冥训》) 将其说成汉统一天下，至当时在上位的天子汉武帝，高诱在"天子在上位"下注明："天子汉孝武皇帝。"因此，说《文子》是赞述汉承战国之后统一天下，是文景之世的著作，这些都是误解。

说明：此文为 1996 年 6 月在台湾辅仁大学举行的"《文子》与道家思想发展两岸学术研讨会"论文。后刊载于 1996 年 9 月台湾《哲学与文化》月刊第廿三卷第九期。

先秦哲学史改写有望
——读《稷下学研究》

多年来从事中国哲学史的教学工作，常感到先秦哲学史缺乏历史的逻辑的联系，一个个人物各有特点，好像是诸子学案的罗列，因而疑惑甚多。例如，据《史记》，战国诸子中多有"学黄老之术"者，可见"黄老学"之兴盛，然而，春秋时期老子的学说是怎样演变为战国的"黄老之学"的，我们却知之不多。道家老子的学说是排斥法的，而战国时期的黄老学者们却大倡以法治国，这一转变是如何发生的，我们难以向学生交待清楚。孟子思想中有许多并非继承自孔子的新鲜内容，这些新鲜的内容显然与他同时代的别家学说有关，但我们却说不清楚其来龙去脉。荀子的学说同孔、孟的思想相比发生了重大的变异，这些变异不仅适应了当时的时代需要，更重要的是它使儒家思想变得更为适应其后两千年的社会与政治需要。那么，荀子之学何以与早期儒学发生了重大的差异，这些差异同战国诸子百家的思想理论到底是什么关系，过去我们只能是笼统地回答，说荀子是战国学术思想的集大成者，而对其中的详情，我们却语焉不详，显得底气不足。因为我们对战国学术思想的传承与流变，对荀子与诸子百家的学术联系并不是十分清楚，拿不出多少具体的材料。还有，阴阳家在先秦是一个很著名的学派，但对其代表我们却只知道一个面目模糊的邹衍，阴阳五行学说的发展源流更是不清楚。如此等等重大的问题，过去都没有得到很好的研究和回答，因此先秦哲学史缺乏历史感和逻辑感。造成这种状况的一个重要原因，是我们的教学与研究忽视了先秦哲学发展史上的一个重要环节——稷下之学。

白奚博士的《稷下学研究》正是抓住了这一重要的课题，从多方面进行了深入细密的研究，它采取了纵贯战国中后期一百五十年的学术群体——稷下学的视角，考察了先秦学术思想的总体格局和发展大趋势，明确了稷下学的历史地位，令人满意地回答了稷下学是怎样成为先秦哲学史的重要中间环节，是在哪些方面成为这一重要环节的。《稷下学研究》虽然论述的是战国中后期各重要学派和人物及著作，但其置稷下学于整个先秦学术史的大背景下来研究，因而涉及面极广，上接早期道、儒、墨、法、名、阴阳诸家学说的渊源和历史继承，下及后世学术思想发展的大趋势和总格局，有很强的历史感。特别值得强调的是，作者始终把研究的重点放在探讨和理清先秦学术思想各流派的纵向发展线索，特别是它们的横向学术联系上，因而使得这部作品有着很强的逻辑感。读了《稷下学研究》后，使人清楚地看到先秦学术犹如一张纵横交织的网络，能够清楚地了解先秦哲学史的历史的和逻辑的发展。稷下学宫是战国百家争鸣的学术中心，没有稷下学也就等于抽去了百家争鸣的主体内容。稷下学术是如此的重要，但多年来学术界对稷下学的研究和关注是十分不够的，特别是缺乏有分量的学术专著，这和稷下学的重要地位是极不相称的。《稷下学研究》的出版，不仅填补了这一重要研究领域的空白，而且有望重新改写先秦哲学史。

白奚博士的《稷下学研究》是一部学术力著，其中有许多值得重视的创见。例如，对黄老学派的研究是该书的重要内容，作者首先解决了黄老之学应如何界定的问题。作者对黄老之学的界定掌握了两个标准，其一是《史记·太史公自序》所论"道家"（实即新道家或黄老道家）的学术特征——"采儒墨之善，撮名法之要"；其二是"道法结合，以道论法"，这一学术特征乃是作者从《史记》中所提到的"学黄老之术"或"归本于黄老"的战国诸子的共同学术特征中概括出来的。这样，作者就把黄老之学的学术特征明确地概括为"道法结合，以道论法，兼采百家"。这一概括，可以说是十分准确的。作者对马王堆帛书《黄帝四经》的研究尤富创见性。研究《黄帝四经》，首先就会遇到判定创作年代这一难题。作者反思了学术界通常采用的通过相似文句比较来判定古籍先后的论证方法，指出这种方法的局限性在于，人们根据对材料的不同理解可以得出截然相反的判断。作者另辟蹊径，从学术思想发展史的角度入手，将《黄帝四经》的思想放在先秦学术发展史的大背景下来对比考察，分别从人性论、认识论、阴阳五行思想和古史传说系统四个方面，确证了《黄帝四经》之早出。有了这种考证方法上的新突破，作者对《黄帝四经》年代的判定便显得很有说服力。再如，慎到、田骈是稷下道家的核心人物，《庄子·天下》篇将二人合而论之，人们往往将此篇中的材料作为二人的共同观点而引用。《稷下学研究》对此进行了辨析，指出田骈、慎到的学术思想有同也有异，田骈注重对道家的基本理论的阐发而与法家无涉，慎到则因援道入法的学术特色而成为"道法之转关"。

白奚博士的《稷下学研究》立足于前人的研究，又超越了前人的研究。作者经过充分的辨析，否定了孟子是稷下先生这一普遍的观点，进而考察孟子思想与稷下学的关系，对《管子》和《孟子》两书进行了细致的对比研究，论证了孟子吸取稷下的学术思想，而不是《孟子》影响了《管子》。作者采取了与众不同的角度和方法，进一步否定了《管子·心术》等篇为宋钘、尹文遗著这一有影响的观点。特别是作者还进一步对"宋尹学派"的存在提出了质疑，并进行了有力的论证，表现了作者具有超卓的学术眼光和胆识。《管子》一书是一座有待深入开发的思想宝库，作者对此书的研究甚为精勤，其突出之处是对阴阳五行思想的清理，不仅否定了《管子》中阴阳家言是邹衍的遗文之说，特别值得称道的是提出了阴阳与五行思想合流于《管子》的重要论点。学界一般都承认阴阳说与五行说是分别来自不同地域的两种文化体系，两者有一个合流的问题，但这一合流发生于何时何地，有何历史与政治背景，经何人之手完成，其标志是什么，这些都是相当艰深的学术难题，至今绝少有人问津。《稷下学研究》对这些问题的回答是令人信服的，这一成果可以说是先秦思想史和文化史研究上的新突破。

《稷下学研究》发前人之所未发，正前人之所误，其中许多观点都是相当重要和新颖的，读来很有启发。近年来，对于新出土简帛的研究堪称学术研究的前沿和显学，其中许多新发现都在一定程度上填补了先秦学术史料上的空白。笔者相信，《稷下学研究》的出版同近年来的简帛研究，都有助于学者们改写先秦哲学史。

说明：本文载《中国哲学史》1999 年第 3 期。

文章道德，照耀儒林
—— 追思王蘧常教授

王蘧常（1900—1989），字瑗仲，号明两，别号端六。浙江嘉兴人。1924 年初，毕业于无锡国学馆。历任无锡中学国文教员，无锡国专讲师，光华大学附中教员，复旦大学中文系讲师，大夏大学预科讲师兼高等师范科主任、教授，之江大学、暨南大学、交通大学教授，无锡国专教务长。解放后任交通大学教授、中国文学院副院长，院系调整后，任复旦大学中文系、哲学系教授。

乃所愿则在学孔子之教人

王蘧常老师幼承庭训，文史诗书，青少年时已远近驰名。少时趋庭，其父喜言项王事，问出何书？其父乃授以《史记菁华录》，读之，如厌饥渴，且大半能成诵。久之，请益，其父又以《纲鉴易知录》授之，曰："此非善本，然便初学，如益以陈鹤《明纪》，则贯彻始终矣。阅时应注意书眉标题，如《箕子叹象著》等。"其父每夜饮周公百岁酒，老师傍侍，即举标题问之，或五六，或九十，能尽举其辞。不独明史事且富典，此读史之善法也。老师不一年而毕，鸟瞰全史矣。及入浙江第二中学，时二中诸先生多名家，文学及印度哲学则郑斐谌，历史则祝靖远。先生熟古史，寡言笑，老师不敢亲附，一日，遇于途，旁立致敬，祝先生笑颔之，知王老师喜历史，遂招入室，老师乃申倾慕博通之意。祝先生曰："予四史外，仅熟得《绎史》一部，

177

《绎史》，马骕作也；此为纪事本末体，后有据之而为纪传体者，则襄平李锴之《尚史》也。"老师亟请观，得祝靖远先生教许借阅，乃陆续撷其要，尽数册。老师治古史始于此，其后作三代史及撰秦史，皆造端于此。郑先生授文，多取顾亭林、黄梨洲文，并喜述晚明事。老师服膺顾亭林始此，其后作《亭林诗谱》、《亭林著述考》、《顾亭林诗集汇注》皆肇端于此。

王老师于浙江第二中学不二年，因病辍学。及愈，年寖长，其父兄欲其入杭州法政大学，心实不愿，而持之坚，父命难违，不得已往试。作文题为"述志"，老师借题发挥，极言不愿从宦海中讨生活，又备论官场风波之险恶，陷人于不觉。他在作文中写道："得官则其门若市，失官则门可罗雀，人情变幻，尤所难堪，吾父兄已备尝之矣，我能继其覆辙乎？乃所愿则在学孔子之教人与孟子得天下英才为乐。今违愿而来试此，则以父兄之命，如能玉成，幸甚幸甚！"当时法政大学校长是老师之兄的故交，其兄走访，询问是否录取。校长便出示考卷，边笑边说："从来试卷，无此奇文！余将成全令弟。"其兄出意外，苦笑而已；其父闻之，亦不罪也。

一九一九年秋，得知前交通大学校长唐文治先生在无锡创办国学馆，得其同年当时大总统徐世昌之襄助，馆生毕业出路，由政府规定，甲、部曹，乙、各省县知事，丙、大中学教师；又有资助馆生膳宿书籍及膏火（奖学金）者；皆于招生广告载之。名额二十四人，不拘年龄，在无锡、上海、南京三处报考。王老师之父立命报考，老师一方面担心不易考取；另一方面顾虑录取了又被引入宦途，因此有为难之意。其父立加训斥曰："唐先生天下楷模，汝乃不乐为其弟子耶？毋自误！"不得已，老师只得前去报名考试。不料三地投考者竟有一千五百余人，且有多人头发已斑白，老师不觉有些泄气，硬着头皮应试。试题有二：一曰于缉熙敬止论；二曰顾亭林先生云，拯斯民于涂炭，为万世开太平，试申其义。老师知一题出诗经大雅，上有穆穆文王句。又记大学引之，以释止于至善。遂由此绾合成文，平心应试。旁坐者是一位须发很长的长者，没想到他常转头看老师试卷，看了便执笔疾书。老师担心旁坐者写出与自己雷同的试卷，于是改写古体字。老师被录取入校，首次见到唐先生时，先生就问试卷何以作古体字？老师讲了当时的情况，唐先生听了大笑。

开学后，唐文治先生亲授经学与理学，朱文熊、陈柱二先生授子学、史学及文学。唐先生督教甚严，考核尤重月试，不限经、史、子学，亦重文学。每次考核后，唐先生居中端坐，秘书在左唱名，学生遂起立致敬听评语。评语无不中肯，且很生动，亦极风趣，使听者忘倦。王老师尝作《观浙潮赋》，拾古人江海赋之辞采，以蛟螭鼋鳖喻军阀之内战，翻江倒海，民不聊生。唐先生书其后曰："极挥霍离奇之能事，物无遁形，木玄虚、郭景纯应避其出一头地。"又曰："写此题，不能再好矣！"老师明知溢美过情，然经此鼓舞，感奋不能已已。老同学吴其昌于天中节（端午节）作吊屈灵均文，纏纏数百言。唐先生奇赏之，效杜老语曰："吴生吴生歌莫哀，我能拔尔抑塞磊落之奇才。"吴为呜咽流涕。又某同学作游五里湖记，有载沉载浮句。唐先生眉批云："春游佳事，奈何忽遭灭顶之灾。"[①]国学馆教师循循善诱，使学生治学各就性之所近，毕业时都能在某方面有所专长。王老师则治三代史（有《商史纪传志表》若干卷，《夏礼可征》二卷，《清代艺文志权舆》十六卷，时《清史稿》尚未问世），毕业考试分经、史、子、文四门，老师于文作太极赋一千数百言，唐文治先生于陈先生评外加评云："融贯中西，包罗古今，前人未有也。"

在国学馆期间，老师又从其父同年举人梁启超请业子与史，开始诸子学和史学研究，采撷遗事，视经为富，诠释学派，一秉梁先生之教，他日为生徒讲先秦诸子学术、诸子书答问，取史料入三代史，作《诸子新传》《诸子学派要诠》《秦史稿》等，皆与旧史陋习有所刷新，自成系统，实由梁先生高论启之。

---

① 老同学吴其昌……恐遭灭顶之灾。此段被编者删除。

将毕业时，徐世昌总统被直系军阀曹锟、吴佩孚赶下台，时段祺瑞执政，顾维钧任内阁总理。唐文治校长电申徐世昌前议，顾维钧提内阁讨论，终被否决。国学馆毕业生，出路何在，一时纷纷纭纭，惟有被国学馆同学篡改明末清初"归（庄）奇顾（炎武）怪"之说的"王奇唐怪"（王蘧常、唐兰）不为所动，反觉好事，可不入宦途了。及毕业，老师工作无下落，返里。一九二四年秋冬之季，老师居家，忽得唐文治校长自无锡来信，云：无锡中学欲急聘一国文教师，命速往。是岁杪，老师任无锡中学国文教员，开始了一生从事的教育工作。

经师人师

王蘧常老师初到无锡中学，唐文治先生兼校长，其同年江老先生，所谓太史公者，任毕业班国文，以病辞，唐先生命王老师继其任。当老师得知学生年龄多过于自己，又班高气傲，自称翰林弟子，自度颇难为继。然不能辞，只得广为参考，以备不虞。老师初为人师，不免拘谨。及上课，态多偃蹇，窃窃私语，有的说"雏发未燥"，有的说教案"密如牛毛"，讥老师年少而备课多。明日，老师不带片纸，仅凭强记讲述，徐步课堂中，或前或后，一闻私语，即辍讲注视，于是竟讲肃然。此后乃多提问，并及课外。一日，有生问太极为何物？老师简言之。则又曰："江老先生说您于风檐短晷中，能赋太极千数百言，有诸？"老师笑曰："此特应付考试而已。"他日又有三生来，出一纸，皆古文奇字。老师笑曰："诸君欲扬雄我耶？"视之，多出汉书，遂一一答之，或正其误。自此始称老师。

一九二七年赴上海任教，先在光华大学附中任高中教员，又兼大夏大学预科讲师。次年任复旦大学中文系讲师。一九三零年被大夏大学聘为国学系教授，兼任高等师范科国文系主任。老师三十岁开始其教授生涯。

一九三一年，"九·一八"事变后不久，老师怀着强烈的民族自尊心，对入侵的日寇深恶痛绝，在《申报》发表《旅顺义丐传》表彰一位化身为乞丐以杀敌的青年；针对日寇犯我东北，作《宁陵赵君传》，并在《申报》连载《甲午死难将士题名记》，表彰忠勇义烈。

一九三二年，"一·二八"事变，日寇进攻上海，时十九路军奋起抗日，淞沪抗战，可歌可泣。《申报》刊老师撰《滕将军传》《六十亡名烈士传》，表彰吴淞要塞参谋长滕久寿将军率部英勇杀敌，记叙在蕴藻浜之役中殉国的将士。又刊老师作《美利坚萧德上尉传》《台山李营长传》《金德海传》等，歌颂忠烈。又作《胡阿毛烈士传》《胡烈士歌》，记叙上海汽车司机胡烈士，虽编户之民，知为国死，颂扬抗日杰士。针对当时的悲观论和不抵抗主义，老师作《论倭不足畏》，从六个方面论证倭寇不足畏，其抗战决心俨然似一政治军事家，解牛无不中要害，其文尤传诵一时。

一九三七年"七·七"卢沟桥事变，日寇全面侵华，中国人民奋起抗战。老师作《大刀勇士》歌颂二十九军陈永德、赵金标两壮士，深夜大雨，仗大刀，袭寇营。"八·一三"，日寇在上海发动大规模军事进攻，谢晋元团长率所部八百壮士，苦守闸北四行仓库，老师挥泪作《八百孤军》，浴血奋战。又作《哀宝山》彰扬营长姚子青与所部六百人，力战死之。老师闻捷报外来，喜极泪流，作《闻平型关捷报》。又作《郝将军歌》，记守晋北南怀化的郝梦麟军长，一身宗国，在阵亡前，致其家书曰"沙场为余归宿地"，表彰有家不归归沙场，煌煌大义炳天日的悲壮之举。李宗仁指挥台儿庄战役，围歼日寇第十师团，击退增援之敌第五师团，取得歼敌两万余人的胜利，大大鼓舞了中国人民抗日决心。老师作《王将军挽歌》，记蜀军王铭章师长，转战济南滋阳间，屡摧强寇。寇愤，以飞机狂炸，卒殉于滕县，所部万余人，从死者过半。歌颂可崩可摧城与池，不可摧者将军心，不可崩者将军师。将军之心有断头，将军之师无屈膝。

老师一直以中华民族伟大的爱国主义和崇高的民族气节自励，面对日寇的种种利诱和强暴，老师始终大义凛然，风骨棱棱。汪伪政府屡次邀请老师出任伪中央大学文学院院长，老师断然拒绝，并作《节妇吟》以明志。汪伪接管交通大学，老师与陈石英、裘维裕等教授，愤而辞职，这就是当时影响很大的"反伪离校六教授"。事后，老师收到装有子弹头的恐吓信，逼其返职，老师坚决不从。因此，无薪水来源，生活陷入困境。老师乃鬻字卖文为活，常举家食粥，以草作蔬，宁愿忍饥挨饿而保持民族气节，闭户食贫而威武不屈。

老师恶宦海风波险恶，故避而入教育界，不意在旧制度下，教育界中未尝无风波险恶，倾轧、谣诼、欺凌、落井下石，无一不有。一年暑假将届，有友人告他其教席为有力者图谋夺去，下学期将得不到教授聘书。老师发愁，后来想到蔡元培先生在上海，便去请蔡先生帮助，蔡先生一听情况，当时便用信笺写了几句话："经师人师，乃国之珍，想贵校执事必能重用也。蔡元培×月×日"蔡先生说："为郑重起见，我派专人送给他们校长。"第二天，老师去学校时，不但顺利拿到聘书，而且还加了薪水。

王蘧常老师，文章道德，照耀儒林。东寇之乱，抗节不屈，努力作抗日文字，表扬忠义，不遗余力，抗战军兴，对于宣扬正气，激励人心，收效尤宏，迨上海沦陷，始终不畏强围，仍作表扬忠义文字。且语无苟设，归于必信，彰扬气节，不绝于篇章，言传身教，旷世师表。并领导生徒，沆瀣一气，张春秋之直笔，挽沧海之狂澜。两却伪聘，大义凛然，隐然支柱东南正气，尤为士子所归向。一九四六年五月，获国民政府颁发抗战胜利勋章。①

王蘧常老师一生只爱读书，常说"有书万事足"；一生所愿就在教书育才，自认"只会教书"。任教之江大学期间，校长美国人明思德，多次劝老师信基督教，又送《圣经》，又邀做礼拜，老师收下《圣经》，婉拒做礼拜。明思德常常和老师谈论宗教，老师应对裕如。明思德发现，王老师不但对基督教起源、教义及基督教文化有深入了

①　王蘧常老师……抗战胜利勋章，此段被编者删除。

解，且对释、道很有研究。他赞叹道："想不到王先生的头脑里竟开着图书馆咧。"

抗战胜利后，无锡国专后届同学，时任国民党中央党部秘书的张寿贤，回归南京后到上海来看望王老师，见其家庭生活清苦，便邀王老师到《中央日报》当主笔。王老师摇手道："我只会教书，不会办报，尤其不会办党报。"张先生又说："那介绍你到上海市教育局担任高职吧。"老师虽然感激他的好意，还是谢绝道："我不会做官，也不想做官，我只喜欢教书。好在我已回交大复职，还可在其他大学兼课，生活已不成问题。"时任民盟领导的沈钧儒，是王师母沈静儒的堂兄，抗战胜利前后，曾两次力劝王老师加入民盟，王老师直言，自己只会教书，对政治和党派斗争一窍不通，因而难以从命。解放后，民盟上海组织中的沈钧儒子侄辈，又来动员王老师加入民盟，老师回答说："当年衡山二哥（即沈钧儒）劝我参加民盟时，有被国民党逮捕之危险，我因不通政治与党派斗争而谢绝，现在民盟已成公开的民主党派，我若参加便是对不起衡山二哥。"①

王老师不为官，无党派，②不信教，仁义礼智根于心，得天下英才为乐。王老师和学生，情同父子兄弟，解放前，在白色恐怖时期，老师与唐文治校长都十分爱护和关心学生，并联合张元济等诸老先生，积极为学生奔走呼吁，解救被捕学生。解放战争形势发展很快，学生运动风起云涌，形势显得紧张，学生冯其庸接组织通知离校。在急难之中向王老师求援，老师叫他到上海，于是，冯其庸和另外两位同学一起，改入无锡国专上海分校。学生秦和鸣，因参加地下党活动而多处躲避，时常到老师家来。老师四个子女中，有两位是地下党绝非偶然。一九四九年五月，上海解放。六月十五日下午（农历），陈毅市长邀唐文治、张元济、顾惠庆、吴有训、竺可桢、陶孟和、陈望

---

① 时任民盟领导的沈钧儒……便是对不起衡山二哥。此段被编者删除。
② "无党派"三字对应上文，也被编者删去。

道、茅以升、俞澄寰及蔡元培夫人等，并就发展生产、改革教育诸端举行座谈。唐文治因病，王蘧常代表出席。

章草第一手

王蘧常老师自幼承父兄师长之教，植基书学。据《王氏谱牒》："望出琅琊，相传为晋右军将军王羲之次子凝之的后代。"其父常引以为荣，又慕其书，有摹兰亭黄庭万本之豪言。观老师手指纤长，他日宜若能书，希望继父之志。其伯父谓曰："日后如能书，定能步右军之迹。"老师七岁习字时，不耐影书，见家藏爱新觉罗永瑆帖，觉其刻画清秀，遂临摹之。为父所见，对老师说，前人言文，有阳刚阴柔之说，书亦有之。欧颜得阳刚之美，虞柳得阴柔之美，皆根于其本性，汝性偏刚，取法乎上，于欧为近，遂授以《九成宫碑》。十五六岁，老师因病辍学卧床期间，其父授以唐拓《十七帖》影本，因不能笔摹，以手指画被，这样开始学草书。一日，其兄自外归，见老师摹欧《化度寺碑》，曰："奈何犹守唐人，唐人从晋南北朝来，奈何沿流而忘其源，且唐名碑多佚或翻刻，不如北碑皆新出土，且无体不备。"遂授以《张猛龙》、《郑文公》两碑。老师怕偭规越矩，遭父训斥，其兄曰："《猛龙》得阳刚之美，《文公》得阴柔之美，亦合父训也。"其父果无异言，此为老师习北碑之始。

老师童稚即好纸笔，一日，代父书家乡南堰《白苎桥碑记》，文为金甸丞作，见赏于邑老金先生。先生老而好学，习章草，纸可隐身。老师尝请为学之法，曰："不惑于外诱，不惧于外扰，专一而已。"十九岁，老师从父命拜外叔祖沈曾植（寐叟）为师，受业书学与文学。沈先生教读书分类札记之法，于是始知作札记，有知无录十余本。先生又教曰："凡治学，毋走常蹊，必须觅前人夐绝之境而攀登之，如书法学行草，唐宋诸家，已为人摹滥，即学二王，亦少新意。不如学二王之所自出……章草。自明宋（克）祝（允明）以后，已成绝响，汝能兴灭继绝乎？"又曰："学章草，必须从汉隶出，赵子昂所书，虽着意发波，仍是唐宋人笔法，非其至也。"又曰："汝爱家鸡，然当不为所限。楷法亦然，力避庸俗，滇疆二爨，未尝非医庸俗之药石也。"自此，老师治学，力杜常蹊，且为学章草之始。初仿《月仪》及《出师颂》，后得松江本《急就章》，每日必习一二纸，然卒卒不能致力，觉腕下有鬼，无以发其奇蕴，每自讼曰："负吾师矣！"

老师于书学，自幼笃嗜。初学二王，少长，效《欧阳率更》，若《醴泉铭》，若《化度寺碑》，皆临摹至百数十通。尝作楹联榜书，颇要誉于乡党间。然其兄独笑为"干禄书"。始列沈寐叟先生门下，沈先生以为骨格已树，可改肄北碑，求纵恣。知其习《郑文公碑》，见其所摹，尤叶合，为背摹文为辞首六句，老师人喜。包慎伯所谓篆势分韵，殆尽之矣。沈先生赐老师旧拓八大幅，曰："包慎伯、叶鞠裳皆有称述，而叶尤甚，谓为书中之圣，笔力之健，可剚犀兕，搏龙蛇，而游刃于虚，全以神运，不独北朝书第一，自有真书以来，一人而已。"老师珍若地图，张挂壁间，每日对之。以为实具阳刚阴柔之美，得两气之全者也。碑为山东掖县摩崖刻，濒临大海，凝眸既久，神与字会，一若置身其间，海涛泓洞，天风萧飀，慎翁（包慎伯）所谓"海鸥云鹤之致"者，仿佛见之焉？腹有诗书气自华。老师习书，不仅重功力，而且更重学养，方有当今章草第一人的气势。沈先生又知老师学《十七帖》，曰："右军书远承章草，旧有传本，已不传。今传章草，仅皇象《急就章》，索靖《出师颂》，萧子云《月仪帖》，数种而已，疆域偏小，殊难光大，汝能融冶汉碑，汉简，汉匋，汉帛书，而上及于周鼎彝，必能开前人未有之境，小子勉之。"老师敬志不忘，究心章草。

老师濒行于沈先生门下，答疑请教。一日，沈先生指挥用笔之法，老师大喜，如得航海之南针。自此向明即起，每晨尽墨一盂。其父以旧砖方二尺作架赐之，遂作擘窠书。一日，王国维在上海谒见沈寐叟，适老师随父至，沈先生很高兴将老师介绍与王国维：此即嘉兴才子王蘧常。王说："早已闻名，诗、文、书法均能独立。"此为老师与王国维订交之始。一日，老师带了临写的《爨龙颜》碑文去请沈先生教正，时适康有为（南海）在客厅。当他得知老师带了书法作业请沈先生批改时，便对沈先生说："四兄，让我来代劳吧。"遂问老师姓名，并接过作业，连声叫好，一口气批了四十八个圈。又回头对沈先生说："咄咄逼人门弟子。"沈先生听了，觉得过分，便发话阻止说："休要长了孩子的骄气。"老师深得南海先生厚爱。后来又邀老师到他在上海愚园路的住宅"游存庐"去玩。南海先生让老师看了许多他收藏的书法名帖、金石鼎彝，使其长了不少见识。南海先生书法名著《广艺舟双楫》，老师常置案头，不时翻阅，在书法理论，执笔运笔以及选帖择碑各方面，都受教益多，一直尊南海为师。过了几天，沈寐叟先生对王老师说：你同圣人（时人称康有为为康圣人）有因缘，他有小女儿尚未婚配，想选你为婿。老师感到为难，便以春秋战国郑忽婉谢齐侯以女相许的话，"人各有偶，齐大非吾偶也"回答。事虽未成，但康圣人对王老师一直很好。有文章评曰："南海睥睨古今，王先生独得其青眼。"说来可悲，南海先生之幼女康同俟后来不幸遭车祸身亡。一九八三年，南海先生的另一女康同环以耄耋之年从香港来上海，看望王蘧常老师，并带来康府的一些照片，其中包括遇车祸身亡的康同俟的照片，并割爱持赠。事隔七十年后，老师才有机会得睹康同俟之玉照。

沈寐叟先生回嘉兴扫墓，过访老师之父，见老师所习《郑羲》与《乙瑛》，谓犹格局拘禁，不能尽古人之势，何不广揽以博趣，去圆而就方呢？即背临郑羲若干字赐之，于是，老师改肄《张迁》、《张清颂》诸碑及《龙门诸造象（记）》，业更加勤，往往手为之茧、臂为之僵。后又间摹两爨，以圆势运方笔。时老师在无锡国学馆从唐文治先生受经学和理学，途经上海，以所习上寐叟师，心颇忐忑不安，恐怕不中程，而沈先生笑曰："若此，盍再去方而就圆乎？"于是老师复从《郑羲》入，继又习《敬使君》。老师于章草的诚正勤奋精神，令人折服。如练习篆隶，写在每天看完的报纸上，堆积如山；又将日记改以篆隶书之。可惜，老师从十一岁开始至"文革"前夕的日记，在十年浩劫中毁于一旦。及无锡国学馆毕业，返里居家，闭门读书、习字如故。时军阀内战，江浙战争爆发，孙传芳率兵攻下杭州，直奔嘉兴，家人不及避，枪声自远至，火街市，四出劫掠，家人皆惶惶不安。时老师方以篆写尚书二十九篇，仍不辍，家人窃骂，老师说："与其惊惧不可终日，不如安心毕我书，因惊惧固无裨于事也。"终无恙。老师于书，一心莹然，照于纸墨，此孟子所谓不动心乎？书之艺也，进乎道矣。

老师二十四岁后，疲精考据，常穷日夜，前所自课，乃渐中辍。偶见一二旧拓，犹跃跃欲一试，而自律不能持久。抗战以来，奔走衣食，旧业久废。但不忘金匋丞及沈寐叟之教，欲作草，必自章草始，偶尔偷闲学之。上海沦陷，反伪离职，为贴补家用，鬻字卖文谋生。时唐文治老夫子、光华大学校关张寿镛、著名书画鉴藏家姚景瀛（姚虞琴）、于右任恩师晚清翰林院编修沈卫（沈淇泉）等，代订《王蘧常教授鬻字文例》："王瑗仲教授蘧常，为沈寐叟尚书弟子。主讲海上诸大学垂十余年，近岁疏佣成性，不胜文字之诛求，往往失欢朋好，常用疚心，同人等从臾为定润例，一欲贾其余勇，一以缓其宿逋也。文例……字例……"然而，老师因人而异，从来不计较润格。①

抗战胜利后，无锡国专校长唐文治老夫子命老师主持无锡复校事宜。老师往来沪锡之间，处理校务之事，因其书法在当时已经名重一时，许多老师和同学纷纷到"春麟堂"去买宣纸，结果玉版宣和单宣都已卖空，只剩一些蜡笺、蝉衣笺之类的纸了，当时的《大锡报》誉为"无锡纸贵"。无锡国专学生、前《人民日报》总编范敬宜说："一九四六年，我才是十六岁的少年，曾在江南最大收藏家、鉴定家庞莱臣（虚斋）家里，听到庞老先生对王蘧常先生的高度评价：'王

---

① 老师二十四岁后……从来不计较润格。此段被编者删除。

蘧常是沈寐叟的入室弟子，但是青出于蓝胜于蓝。称他为当今章草第一人，毫不为过。'"记得十七岁时，我持习作书画登门求教于吴湖帆先生，他谦虚地说：'你学画可以来问问我，学字一定要去问王蘧常先生。'"范敬宜先生说，王蘧常先生"把篆、隶、草、正熔于一炉，形成自家面目"，"是集学者、教授、诗人、教育家、书法家于一身"的"近代书坛一巨星"。

一九七二年，顾颉刚先生承周总理整理旧史之任，老师奉顾先生书，由上海负责的新旧唐、新旧五代及宋史五书，请老师随览随批，指疵抉谬外，谈及老师书法说："至于先生毕世研究书法，尤工章草，现在汉简日出，非于是道精通者不易为作释文，窃愿得暇将历来隶草加以整理，如甲文之有甲骨文编，钟鼎之有金文编者然，则将来出土简牍即可循此，鳃理有裨于考古界者至大，此固后生所难企及，而先生则责无旁贷者也。"一九七四年，我有机会得到马王堆汉墓帛书老子甲乙本、黄帝四经、战国策复印本，向老师请教，老师如获至宝，对汉隶和简体字及黄老之学，都做了研究和记录。他指着从帛书临摹下来的汉隶和简字说，地不爱宝，汉简汉帛书出，是章草的新世界，体用变化，实不可穷。并欲将汉帛书汉简汉陶，一汇于章草。

一九七八年，市文化局属书，向日本大阪展出。老师带病书写两大幅出展，日本《书道》杂志盛称中国："古有王羲之，今有王蘧常。"著名学者、前上海图书馆馆长顾廷龙先生诗云："后王妙墨继前王，云壑当胸万卷藏。纂史传经同盛业，一庐明两（王蘧常号）自辉煌。"香港《大公报》刊梁羽生撰《王蘧常赠马国权联》文，联云："为章草开疆，穷大地上下；有名著寿世，传瀛海西东。"

王蘧常老师之书，是从学问中来，从诗境中来，不纯以书法为事，故不染书家习气。凡作书，总是先作诗句。由于老师丰富的历史知识和善于作诗，其思维敏捷，有时惊人。我为复旦大学八十校庆向老师求书，老师欣然命笔，联词一挥而就；为辽宁博物馆创建四十周年作书纪念，所作二十多句的长诗颂辞，只花了四十五分钟，且句句有典。我很认同著名红学家冯其庸先生所说："瑗师（王蘧常字瑗仲）是大学问家、大诗人，又是书法大家，章草圣手。""瑗师之书，是学者之书，诗人之书，而不是书家之书。""我曾说先生是：'文章太史公，书法陆平原。'我认为这个评价是很恰当的。"著名国家书画鉴定家谢稚柳先生，评王蘧常书云："是章草，非章草，实乃蘧草，千年以来一人而已。"

说明：本文应复旦大学《复旦名师剪影》约而作，于 2013 年 10 月由复旦大学出版社出版。在出版编辑过程中，因篇幅数字所限，有些段落被编者删去，现予注出，以复原貌。

蓬草：史与诗的画

六十年代初，我受教于王瑗仲蓬常先生门下。瑗师博通文史哲，我所请业，为子与史。师熟古史和诸子，每授课，不携课本，闭目讲述，书黑板仅三四草字，我皆不识。在集中精力听课记笔记时，也依样画葫芦把草字记下，课余一一请教。对瑗师书法，我天资愚钝，基础太差，说不出什么道理来。但在追随瑗师三十年的过程中，耳濡目染，对瑗师草书也识得了几个。

七十年代中，我得马王堆出土的帛书《老子》乙本前佚书和《战国策》的影印件，瑗师看后，如获至宝。在一段时间里，瑗师不但和我讨论战国历史和黄老之学，而且谈他学章草之事。记得瑗师说，在学章草前曾苦学魏碑，及作章草，沈增植先生笑谓：此北魏之章草，虽略进于唐宋人章草，仍不能窥其源。于是瑗师寝馈于汉隶多年，后又进习小篆古籀，以极其变。当时他指着从帛书临摹下来的汉隶和简字说：学章草，必须从汉隶出。地不爱宝，汉简汉帛书出，是章草的新世界，体用变化，实不可穷。并欲将汉帛汉简汉陶，一汇于章草。当时瑗师已是古稀之人，他那不走常蹊、欲攀古人足迹未经之境的壮志，给我极大的激励，觉得自己应枕葄不倦。

人谓王蓬常章草，或称王蓬常章草第一手。我总觉得这样称赞，未究其本而窥其源。瑗师作草，确自章草始。四十年代就有一方印章为"蓬常章草"。然瑗师自称，那时"书尚未成体"。瑗师在题沈增植先生绝笔楹联曾有"置我三王二爨间"句，据此知瑗师意在秦汉三代。故其书既承章草，又不仅章草，也是学无常师，各有所承，然经其冶化，与古为化而亦与古为新，遂别生新义，乃过所承，独树一帜。因此最确当的称谓是"蘧草"。

瑗师作书，于笔并不讲究。在我看来，有些笔已不能书，但在老师手中，运用自如。瑗师所书，结体古朴，用笔方而生辣，初看不易懂，细品有法度，下笔有源，直追古人，撷其精华，涵其灵气，外拙而内秀，犹如出土文物，越看越要一一细看。当今有些圆滑流利的草书，令人难识，仔细考察，往往是下笔无源，随意造形，所谓草字出格，神仙不识。这等草书只是仿古的玩具，只存其形，而失其精。

八十年代中，我为复旦大学八十校庆向瑗师求书，瑗师欣然命笔，作"卿云歌复旦，玉杖庆圜桥"。上联据《尚书》大传卿云歌，旦复旦兮，是复旦大学校名之由来。下联所据，我则不知。经瑗师指点，我查阅《后汉书》，方知是礼仪志有"八十九十礼有加赐玉杖"，又儒林传序云，中元元年，初建三雍尊老讲学，"圜桥门而观听者盖亿万计"。"玉杖"明复旦八十岁，"圜桥"状复旦学术盛世。故瑗师曰："今本校逢盛世，举大典，海内外学者云集，盖远过之矣。"当我知其意，读其句，再观其书，倍感瑗师的蘧草，是史与诗的画，复旦八十校庆是那样的美。

瑗师之书，是从学问中来，从诗境中来，不纯以书法为事，故自有气质，不染书家习气。凡作书，总是先作诗句。由于瑗师丰富的历史知识和善于作诗，其思维敏捷，有时惊人。一九八九年，为辽宁博物馆创建四十周年作书纪念，所作二十多句的长诗颂辞只花了四十五分钟，而作书则花了整整一天，我曾立侍于旁，看着他一字一字地书写。这幅长两米八，宽一米的巨作，完成于一九八九年八月三日晚。两个多月后，这位伟大的学者，停止了思维，停止了他史与诗的画。

说明：本文系思念老师而作。载 1991 年 4 月 3 日《文汇报》。

"日月光华·哲学书系"书目

第一辑

01 《马克思早期思想的逻辑发展》 吴晓明 著

02 《熊十力的新唯识论与胡塞尔的现象学》 张庆熊 著

03 《思想的转型——理学发生过程研究》 徐洪兴 著

04 《阳明后学研究》(增订本) 吴震 著

05 《罗蒂与普特南：新实用主义的两座丰碑》 陈亚军 著

06 《从启蒙到唯物史观》 邹诗鹏 著

第二辑

07 《实践与自由》 俞吾金 著

08 《马克思主义经济哲学及其当代意义》 余源培 著

09 《西方哲学论集》 黄颂杰 著

10 《现代西方哲学纲要》 张汝伦 著

11 《差等秩序与公道世界——荀子思想研究》 东方朔 著

12 《孟子性善论研究》(再修订版) 杨泽波 著

图书在版编目(CIP)数据

中国哲学论文集/李定生著.—上海:上海三联
书店,2023.12
ISBN 978-7-5426-8288-8

Ⅰ.①中… Ⅱ.①李… Ⅲ.①哲学史-中国-文集
Ⅳ.①B2-53

中国国家版本馆 CIP 数据核字(2023)第 214176 号

日月光华·哲学书系

中国哲学论文集

著　　者 / 李定生

责任编辑 / 徐建新
装帧设计 / 一本好书
监　　制 / 姚　军
责任校对 / 王凌霄　张　瑞

出版发行 / 上海三联书店
　　　　　(200030)中国上海市漕溪北路 331 号 A 座 6 楼
邮　　箱 / sdxsanlian@sina.com
邮购电话 / 021-22895540
印　　刷 / 上海展强印刷有限公司

版　　次 / 2023 年 12 月第 1 版
印　　次 / 2023 年 12 月第 1 次印刷
开　　本 / 710 mm×1000 mm　1/16
字　　数 / 170 千字
印　　张 / 12.75
书　　号 / ISBN 978-7-5426-8288-8/B·871
定　　价 / 89.00 元

敬启读者,如发现本书有印装质量问题,请与印刷厂联系 021-66366565